Extinction Rebellion Hannover
»Hope dies – Action begins«: Stimmen einer neuen Bewegung

X-Texte zu Kultur und Gesellschaft

Für Ingo, Kolja, Max und Till – ohne die es in Hannover nicht begonnen hätte!

Extinction Rebellion Hannover (kurz XR-Hannover) ist Teil der neuen weltweiten Umweltbewegung »Extinction Rebellion«, deren Ziel es ist, mit Mitteln des zivilen Ungehorsams den nötigen umfassenden und tief greifenden Wandel zu erreichen, um das Ausmaß der Auslöschung der Arten und des Kollapses unserer Ökosysteme zu begrenzen.

Extinction Rebellion Hannover

»Hope dies – Action begins«: Stimmen einer neuen Bewegung

[transcript]

Bibliografische Information der Deutschen Nationalbibliothek

Die Deutsche Nationalbibliothek verzeichnet diese Publikation in der Deutschen Nationalbibliografie; detaillierte bibliografische Daten sind im Internet über http://dnb.d-nb.de abrufbar.

© 2019 transcript Verlag, Bielefeld

Umschlaggestaltung: Kolja Schwab (XR Hannover)
Umschlagabbildung: Kolja Schwab (XR Hannover)
Das Foto auf der Rückseite zeigt eine XR-Aktion in Hannover und stammt von Raphael Knipping (XR Hannover).
Satz: Michael Rauscher, Bielefeld
Druck: Majuskel Medienproduktion GmbH, Wetzlar
Print-ISBN 978-3-8376-5070-9
PDF-ISBN 978-3-8394-5070-3
EPUB-ISBN 978-3-7328-5070-9
https://doi.org/10.14361/9783839450703

Gedruckt auf alterungsbeständigem Papier
mit chlorfrei gebleichtem Zellstoff.
Besuchen Sie uns im Internet: *https://www.transcript-verlag.de*
Unsere aktuelle Vorschau finden Sie unter
www.transcript-verlag.de/vorschau-download

Dieses Buch ist ein XR-Buch! – Dieses Buch ist kein XR-Buch!

In diesem Buch kommen vorwiegend XR-Aktivist*innen zu Wort, die XR-Forderungen, XR-Prinzipien & Werte und XR-Aktionen aus ihrer je eigenen Sichtweise deuten. Es ist also kein XR-Buch!

Ein solches gibt es bereits: »Wann wenn nicht wir*: Ein Extinction Rebellion Handbuch«.

Bei dem vorliegenden Buch handelt es sich um ein XR-Aktionsprojekt: in Kommentaren versuchen wir uns den XR-Forderungen und Perspektiven zu nähern, in Erfahrungssplittern möchten wir etwas von der XR-Vibration überspringen lassen. Es geht nicht um XR-Dogmatik – XR ist anti-dogmatisch. Es geht um eine Collage, die sich bewusst nicht zu einem Ganzen fügen lässt. Die XR-Bewegung ist keine Masse, sondern eine Menge, in der die Individuen nicht untergehen. Im Gegenteil! Von jeder einzelnen Person ausgehend, erhält diese Bewegung erst ihre Energie. Auf diese XR-Energie sind wir alle angewiesen, um den Mut zu finden, an das zu glauben, was wir wissen.

Das alle zwei Wochen stattfindende Onboarding für neue Mitglieder in Hannover wird von Charlotte, Max und Till immer mit folgender Aufforderung beendet, mit der wir auch unsere Leser*innen ermutigen möchten:

es beginnt <u>bei dir</u>
arbeite für die sache
bringe dich von selbst mit ein
lerne durch deine erfahrungen
finde deinen platz
du wirst gebraucht
jede hilfe ist wertvoll
scheue dich nicht zu fragen

Inhalt

I. Die Hoffnung stirbt ...

»ES IST ZU SPÄT.« Nur wenige haben den Mut gefunden, zu sagen, was ist. Zu ihnen gehört der Philosoph Gregory Fuller. Fuller leugnet keineswegs ökologische Verbesserungen, aber diese unterliegen nicht selten gewissen Einschränkungen:

»Die Kühlschränke werden nun mit einem anderen Stoff gekühlt, den FKW, die der Ozonschicht nicht schaden, aber als Treibhausgase zum Treibhauseffekt beitragen. Man stopfte das eine Loch mit dem anderen.« Kritisch blickt er auch auf die Klimakonferenz von Paris, die für ihn keineswegs ein Hoffnungszeichen war: »Nach Berechnungen einiger Experten führen die Beschlüsse von Paris zu einem Durchschnittstemperaturanstieg von 2,7° C. Doch schon bei einem Temperaturanstieg von 2° C werden die Korallenriffe nicht überleben, das sommerliche Meereis der Arktis wird komplett verschwinden. Die Ozeanversauerung wird durch das ansteigende CO_2 weiterhin zunehmen. Andere wissenschaftliche Schätzungen gehen von einem weltweiten Temperaturanstieg bis 2100 von 4° C aus oder mehr: eine Katastrophe.« Und er warnt: »Die Zerstörungen der letzten Jahrzehnte erreichen immer rasanter den Kipppunkt, den tipping point ganzer ökologischer Systeme.« Um diese

Situation zu verhindern, bräuchte es einen Super-Paradigmenwechsel – und zwar jetzt sofort. »Ein Ding der Unmöglichkeit. Es ist bereits zu spät.« Volkswirtschaftler*innen, Politiker*innen und Expert*innen wiesen, so Fuller, zu Recht darauf hin, dass ein solcher sofortiger Wandel nicht machbar sei. Angesichts dieser Situation plädiert er für eine »heitere Hoffnungslosigkeit«. Auch der Philosoph Slavoj Žižek fordert den »Mut zur Hoffnungslosigkeit«. Dieser bestehe darin, »einzugestehen, dass das Licht am Ende des Tunnels wahrscheinlich die Scheinwerfer eines entgegenkommenden Zuges sind«.

Die Hoffnung stirbt... Warum geschieht nichts? Warum finden Klimaexpert*innen so wenig Gehör – bei Politiker*innen, aber auch bei uns Bürger*innen? Vielleicht warten Politiker*innen ja darauf, dass Bürger*innen ihnen ein Zeichen geben, endlich radikalere Maßnahmen durchzusetzen? Britische Aktivist*innen und Wissenschaftler*innen setzten ein solches starkes Zeichen. 2018 gründeten sie eine neue weltweite Umweltbewegung: Extinction Rebellion (XR). Die Idee zu dieser Bewegung entstand nicht aus dem Nichts. Die Biophysikerin und Aktivistin Gail Bradbrook rief 2015 eine »compassionate revolution« aus. Diese Revolution startete zunächst als digitale Plattform, auf der Menschen geloben konnten, Aktionen der Kunst, des Herzens und des zivilen Ungehorsams gegen die Aushöhlung der Demokratie ins Leben zu rufen. Dabei wurde auf eine innere Veränderung gesetzt, durch die die äußere in Gang gebracht werden sollte. Kern der Revolution sollte Compassion sein, weil »eine Revolution ohne Compassion, ohne innere, persönliche Veränderung, wie die Geschichte gezeigt hat, zu einer Wiederholung der Herrschaft weniger über die vielen führt, die die Macht haben und über die Ressourcen verfügen«. Aus dieser Aktion entstand die Bewegung »Rising Up!« – ein Netzwerk verschiedenster Initiativen zur Rettung der Erde. Daraus wiederum ging schließlich »Extinction Rebellion« hervor. Diese Bewegung wurde im Mai 2018 gegründet. Sie startete im Oktober 2018, angestoßen durch »Rising Up!« und flankiert durch einen Aufruf von 94 Wissenschaftler*innen zu sofortigen Aktionen gegen das Massensterben im »Guardian«. Seit den aufsehenerregenden Aktionen im November 2018 und April 2019 in London und dem Beschluss der Stadt London und des Britischen Unterhauses, als Reaktion auf die Proteste den Klimanotstand auszurufen, haben sich weltweit Ableger dieser Bewegung gebildet. XR steht für eine »Rebellion für das Leben«, die sich in vielfältigen Protesten zivilen Ungehorsams ausdrückt. Das Motto dieser Rebellion lautet:

»Hope dies – Action begins«.

II. ... die Aktion beginnt!

1. Drei Forderungen

Forderung 1: *Tell the Truth* – Sagt die Wahrheit!

Government must tell the Truth by declaring a climate and ecological emergency, working with other institutions to communicate the urgency for the change.

Die Regierung muss die Wahrheit sagen, indem sie den klimatischen und ökologischen Notstand ausruft, und dabei mit anderen gesellschaftlichen Institutionen zusammenarbeiten, um die Dringlichkeit der Veränderung zu verbreiten.

Forderung 2: *Act Now* – Handelt jetzt!

Government must act now to halt biodiversity loss and reduce greenhouse gas emissions to net zero by 2025.

Die Regierung muss jetzt handeln, um das Artensterben zu stoppen und die Treibhausgasemissionen bis zum Jahr 2025 auf
NettoNull zu senken.

Forderung 3: *Beyond Politics* – Politik neu leben!

*Government must create and be led by the decisions of a Citizens'
Assembly on climate and ecological justice.*

Die Regierung muss eine Bürger*innenversammlung für Klima-
und ökologische Gerechtigkeit einberufen und sich von deren Be-
schlüssen leiten lassen.

2. Kommentare

2.1 Wir müssen die Katastrophe fühlen!

Jürgen Manemann:
Die Wahrheit sagen – mit dieser Forderung zielt XR auf die Durchbrechung unserer Katastrophenblindheit. XR ist davon überzeugt, dass der erste Schritt hin zu einer radikalen Klimapolitik darin besteht, die Katastrophe als Katastrophe zu erkennen und als solche zu benennen. Sie nicht mehr mit Begriffen wie »Klimawandel«, »Klimakrise« oder »Risiko« zu verdecken. Das ist alles andere als eine leichte Aufgabe. Wie gelingt es uns, angesichts der tödlichen Bedrohung ein Sensorium zu entwickeln, das uns befähigt, die Erderwärmung als eine wirkliche Katastrophe wahrzunehmen? Dazu reicht es nicht aus, über Informationen und Wissen zu verfügen. Der Schriftsteller Roger Willemsen bringt die Herausforderung in seinem letzten Essay vor seinem Tod auf den Punkt: »Ja, wir wussten viel und fühlten wenig. Wir durften es nicht fühlen und hörten doch T. S. Eliot fragen:

›Where is the wisdom we lost in knowledge? Where is the knowledge we lost in information?‹ Hörten es und häuften noch mehr Informationen auf. Als brauchten wir zum Handeln einen neuen Klimabericht, einen neuen Schadensbericht über die Weltmeere, den Regenwald, die grassierende Armut. Aber aus all den Fakten ist keine Praxis entsprungen, die auf der Höhe der drohenden Zukunft wäre.«

Wir brauchen eine neue Sensibilität. Verlangt ist nämlich, dass wir die Katastrophe fühlen. Nur wer die Katastrophe fühlt, vermag sie zu erkennen. Das Problem ist jedoch, dass unser Fühlen mit der tödlichen Bedrohung nicht Schritt halten kann. Der Technikphilosoph Günther Anders hat bereits angesichts der Atombombenabwürfe auf Hiroshima und Nagasaki darauf aufmerksam gemacht, dass das, was wir anrichten, unser emotionales Vorstellungsvermögen übersteigt. Er warnte vor unserer »Apokalypse-Blindheit«. Wir sind in der Lage, Techniken herzustellen und Zustände zu schaffen, die wir uns nicht wirklich vorstellen können, weil wir unfähig sind, sie emotional nachzuvollziehen. So vermögen wir mit unserer Technik Tausende zu töten, betrauern können wir allerdings nur einen Menschen. Unsere auf Ressourcenverschwendung und Machbarkeitswahn ausgerichtete Zivilisation produziert täglich unsägliches Leid, und wir sind unfähig, diese Situation emotional zu erfassen. Wir verstehen die Wirklichkeit, in der wir leben und die wir geschaffen haben, nicht, wenn wir nicht in der Lage sind, sie emotional umfassend zu spüren.

Gail Bradbrook warnt davor, dass die Kinder, die heute geboren werden, in ihrem Leben einen Temperaturanstieg von 2 bis 5°C erleben werden. Das bedeutet: Überschwemmungen, Wüstenbildungen, Ernteausfälle, die Migration von hundert Millionen bis zu einer Milliarde Menschen etc. – eine Katastrophe. Um es klar zu sagen: Es geht um das Jahr 2050. Gleichzeitig findet ein gigantisches Massensterben statt. Wir sind Zeug*innen des sechsten großen Artensterbens.

Florian Lauer:
Immer mehr natürliche und ursprüngliche Flächen gehen aufgrund von intensiver landwirtschaftlicher Nutzung sowie durch immer ausgedehntere Siedlungsfläche verloren. Viele Arten sind von bestimmten Ökosystemen, Habitaten, abhängig und können ohne diese nicht überleben. Die Landschaften werden immer monotoner und verlieren ihren strukturellen Reichtum, aber gerade diese Strukturvielfalt ist einer der maßgebenden Faktoren für eine hohe Artenvielfalt und somit für ein stabiles Ökosystem. Weitere Faktoren sind natürlich der Klimawandel und auch die Vermüllung unseres Planeten mit Plastik und diversen anderen Stoffen.

Dieses dramatische Massensterben bleibt nicht folgenlos für die Menschheit.

Florian Lauer:

Die Konsequenzen werden sehr drastisch sein. Ohne ein stabiles Ökosystem überlebt auch der Mensch nicht, da wir die daraus resultierenden Ressourcen und die sogenannten »ecosystem services« zum Überleben benötigen. Dazu gehören unter anderem die Versorgung mit Luft, Wasser, Lebensmitteln und die Kompostierung von Müll und Fäkalien. Sprich: ohne ein funktionierendes Ökosystem würden wir binnen kürzester Zeit verhungern oder in unseren Abfällen ersticken. Mit jeder Art, die verschwindet, reduziert sich die Stabilität der Ökosysteme. Das Aussterben einer sogenannten Schlüsselart, einer Art, die mit besonders vielen anderen Arten in Kontakt steht, kann eine ganze Kaskade an weiteren Aussterbeereignissen nach sich ziehen. Ähnlich dem Kipppunkt beim Klimawandel. Wenn eine Art erst mal ausgestorben ist, gibt es kein Zurück mehr und ein globaler Kollaps wird mit jeder Art, die ausstirbt, immer wahrscheinlicher.

Jürgen Manemann:

Viele Menschen werden den Temperaturanstieg nicht überleben. Die eintretenden Katastrophen werden gesellschaftliche Eruptionen und die Gefahr des Aufkommens autoritärer Regime, Faschismen und Totalitarismen nach sich ziehen. Bradbrook zitiert die Klimawissenschaftlerin Kate Marvel vom NASA Goddard Institute for Space Studies: »Eine Klimawissenschaftlerin zu sein heißt, eine aktive

Teilnehmerin in einer Slow-Motion-Horrorgeschichte zu sein.« Wie mit der Trauer umgehen?, fragt Bradbrook. Zunächst einmal braucht es Trauer. Trauer ist Ausdruck der Solidarität. Und nicht nur das: Die Trauer über das Aussterben der Tiere und Pflanzen zeigt einen Verlust an, aber auch etwas Neues: das Gefühl, etwas verloren zu haben, das nicht genug wertgeschätzt wurde. Trauer ist eine Beziehung zu totem Leben, die niemals in Besitz umkippen kann. Wer trauert, ist fähig, Beziehungen jenseits des Besitzdenkens zu pflegen. Trauer erwartet keinen Ausgleich mehr. Sie ist umsonst. Trauer ist eine widerständige Emotion.

Darüber will XR sprechen – aber so sprechen, dass Menschen sich angesprochen fühlen in ihrer Verantwortlichkeit. XR vermittelt in **Talks** nicht nur Fakten, die die berechtigte Rede von der Katastrophe wissenschaftlich untermauern. Es geht um mehr. Es geht darum, Menschen zu einer emotionalen Herausforderung zu führen. Und das nicht nur in Talks. Mit »Die-Ins« sensibilisieren XR-Aktivist*innen Menschen für die tödliche Bedrohung. Sie legen sich spontan auf den Boden, stellen sich tot. Daneben werden **Trauermärsche** organisiert, in denen die Erde zu Grabe getragen wird. Solche Aktionen sind unerlässlich, da wir nur fähig werden, der Katastrophe etwas entgegenzusetzen, wenn wir beginnen zu fühlen, was wir angerichtet haben und immer weiter anrichten. Es sind unsere sinnlichen Erfahrungen, die uns immer wieder neu aus der Gleichgültigkeit herausreißen. Über unsere Sinnlichkeit bleiben wir in die Welt verstrickt. Schwindet unsere sinnliche Erfahrung, wird unser Verhalten zerstörerisch. Die Erhitzungskatastrophe ist für uns hierzulande (noch) keine hinreichend sinnlich greifbare Wirklichkeit. »Wenn wir wirklich sähen, was wirklich ist«, so Günther Anders, »schwänden unsere schönen optischen Täuschungen dahin, hätten wir mehr realistische Angst.«

Die »**Swarming**«-**Aktionen** zielen darauf ab, die Betriebsamkeit und Geschäftigkeit, die uns an Veränderungen hindern, für Momente zu unterbrechen. Durch kurzfristige und kurzzeitige Blockaden von Kreuzungen verschaffen XR-Aktivist*innen anderen Menschen in ihrem hektischen Alltag Atempausen zum Nachdenken. Diese Unterbrechungspraktiken gehen mit der Hoffnung einher, dass Menschen beginnen, sensibel zu werden für die Leiden anderer Menschen und anderer Kreaturen.

Charlotte Kleemann:
30 von uns hatten sich an einem sonnig-heißen Dienstag an den Zaun des Kanzleramts gekettet. Die Schlüssel wurden an die Ministerien geschickt, mit der Aufforderung versehen, sowohl die Aktivist*innen zu befreien als auch den Klimanotstand auszurufen. Die metallischen Ketten um den Hals der Aktivist*innen, ihre Unbeweglichkeit in der unablässig knallenden Sonne und die so offensichtliche Verletzlichkeit verdeutlichen den Ernst der Lage – wir müssen den Kopf für die Entscheidungen der Politik hinhalten, wir wer-

den die Kosten der heutigen Untätigkeit körperlich tragen müssen. Die Stimmung war bombastisch. Die Aktivist*innen wurden von anderen XRler*innen mit Wasser, Sonnencreme und Apfelstückchen versorgt, solidarische Sitzblockaden wurden gebildet und eine »Wildkatze« schlich um die Beine der Polizist*innen. Doch am einprägsamsten für mich war wohl unser lauter Gesang, der auch nicht abebbte, als die Aktivist*innen von der Polizei losgeschnitten wurden: »Von der blauen Erde kommen wir, unser Klima stirbt genauso schnell wie wir...«.

Jürgen Manemann:
XR steht für eine neue tiefe Sensibilisierung der Klimapolitik, in deren Zentrum ein mitfühlendes Betroffensein steht. Wenn wir der Katastrophe begegnen wollen, müssen wir uns in ein neues Verhältnis zu den Menschen, den Tieren, den Pflanzen und zu allem, was uns umgibt, setzen. Wir benötigen eine neue Nähe. Nur so erkennen wir, dass dieser Mensch, der mir begegnet, nicht ein Alter Ego ist, sondern einen Eigennamen besitzt, mithin ein Anderer ist, dass dieses Tier nicht bloß Vieh ist, dass diese Pflanze nicht bloß Gewächs ist, sondern dass dieser Mensch, dass dieses Tier, dass diese Pflanze etwas ist, das jeweils sein bzw. ihr Leben leben möchte. Damit das Betroffensein über den Verlust von Leben aber nicht in eine resignative Erstarrung führt, muss es mit gemeinsamen Aktionen gegen das Leid einhergehen. Für dieses aktivierende Betroffensein steht XR.

Der Mut, für das Leben zu rebellieren und gegen die Katastrophe zu kämpfen, gründet in aktiver Betroffenheit, in Mitleidenschaft. Wer sich von ihr ergreifen lässt, wird katastrophensensibel.

2.2 Klimanotstand – Jetzt!

Gunther Seckmeyer[1]*:*
Zunächst einmal ist die Frage, ob der »Klimanotstand« gerechtfertigt ist, eine politische und nicht primär eine wissenschaftliche Frage. Wissenschaft oder noch spezifischer die Klimawissenschaft kann nur die wissenschaftlichen Fakten sammeln und bewerten, die dann der Politik für ihre Entscheidungen zur Verfügung gestellt werden können. [...] Es gibt derzeit keinerlei Anzeichen dafür, dass die CO_2-Emissionen wie im IPCC Bericht nahegelegt, tatsächlich sinken werden. Im Gegenteil zeigen alle Messungen eine weitere starke Zunahme der Treibhausgase, sogar mit einer beschleunigten Wachstumsrate. Die aktuelle Entwicklung steht somit in krassem Gegensatz zu den Forderungen einer Stabilisierung der Emissionen oder gar einer Trendumkehr. Wenn es uns nicht gelingt, weltweit die Emissionen sehr schnell zurückzufahren – was unter Bei-

---

1 | Die mit * markierten Zitate stammen aus anderen Quellen (s. Literaturverzeichnis).

behaltung des gegenwärtigen Wirtschaftens leider als sehr unwahrscheinlich angesehen werden muss – dann steuern wir nicht auf eine um 2 Grad wärmere Welt zu, sondern auf eine 3, 4, 6 oder gar 8 Grad wärmere Welt. Was das für den Planeten und die Menschen bedeuten wird, ist derzeit in seiner Tragweite noch gar nicht genau prognostizierbar. Ob die Gesellschaft dieses Risiko eingehen möchte, ist eine gesellschaftlich-politische Frage. Ich persönlich würde der Gesellschaft nicht raten dieses Experiment mit dem Planeten durchzuführen, sondern alles dafür zu tun, dass es nicht dazu kommt.

FridaysForFuture*:
Der Staat muss seiner Verantwortung gegenüber der Umwelt und nachfolgenden Generationen im Sinne von Artikel 20a des Grundgesetzes und der Allgemeinen Erklärung der Menschenrechte gerecht werden.

Jürgen Manemann:
Voraussetzung der zweiten Forderung von XR ist die Ausrufung des Klimanotstandes. Der Begriff steht für einen Bewusstseinswandel. Wer den Klimanotstand ausruft, anerkennt, dass er/sie sich nicht in der Situation einer Krise, sondern in der Situation einer Katastrophe befindet. Nur eine Katastrophe legitimiert die Ausrufung eines Notstandes. Mit der Ausrufung des Notstandes geht deshalb das Bekenntnis einher, dass die Katastrophe nicht etwas ist, das

in der Zukunft droht, sondern dass wir uns schon in der Situation einer Katastrophe befinden. Der Philosoph Walter Benjamin hat diese Erkenntnis prägnant formuliert: »Daß es ›so weiter geht‹, ist die Katastrophe. Sie ist nicht das jeweils Bevorstehende sondern das jeweils Gegebene.« Durch das rapide Artensterben verschwinden nicht nur viele Tier- und Pflanzenarten für immer. Mit diesem Aussterben sind die Lebensgrundlagen aller Lebewesen bedroht. Die Ausrufung des Klimanotstandes als symbolischer Akt verleiht der Katastrophe eine sinnbildhafte Repräsentanz. Der Klimanotstand avanciert somit zu einem Instrument, die Katastrophe auf der politischen Ebene sinnlich erfahrbar werden zu lassen.

Der Klimanotstand ist ein symbolischer Akt, der aber auch eine rechtliche Dimension besitzt: Ein Notstand tritt ein, wenn der Staat in seiner Existenz gefährdet ist oder wenn er seiner Aufgabe als Rechtsstaat, das Leben der Bürger*innen zu schützen, nicht mehr nachkommt. Letzteres zwingt zu zivilem Ungehorsam. Ziviler Ungehorsam ist ein symbolischer Akt, der moralisch legitimiert ist. Er stellt nicht die Rechtsordnung als Ganze in Frage. Im Gegenteil. Er steht für die Einhaltung derselben durch einen partikularen gesetzlichen Regelbruch ein. Zivilgesellschaftliche Akteur*innen zielen durch Akte zivilen Ungehorsams darauf ab, Bürger*innen und Entscheidungsträger*innen für die Katastrophe zu sensibilisieren und ihre Unterstützung für die Ausrufung des Notstandes zu erhalten, um die Lebensgrundlagen aller Lebewesen zu schützen. Durch Proteste zivilen Ungehorsams sollen Bürger*innen an ihre Souveränität erinnert werden. Der Klimanotstand ist also ein Notstand von unten: von oben ausgerufen, aber von unten eingefordert. XR will nicht zuletzt dieser Forderung mit spontanen Blockaden Ausdruck verleihen.

Die Ausrufung des Klimanotstandes ist nicht identisch mit der Ausrufung eines Ausnahmezustandes, der das Recht auf bestimmte Zeit außer Kraft setzt. Es geht nicht um die Einschränkung von Grundrechten, sondern um deren Einhaltung: Menschenwürde, Recht auf körperliche Unversehrtheit etc. Mit der Ausrufung des Notstandes geht die Pflicht einher, bei allen Entscheidungen alle Aspekte aus der Perspektive des »Global Warming« zu betrachten. Der Notstand zwingt Entscheidungsträger*innen dazu, notwendige Schritte jenseits gängiger pragmatischer Lösungen einzuleiten, um die Erwärmung der Erde auf 1,5° C zu beschränken. Die Ausrufung des Klimanotstandes beinhaltet zudem, diesen immer wieder neu auf die jeweiligen politischen Fragestellungen hin zu interpretieren. Mit diesen Interpretationen geht eine stetige Aktualisierung des Notstandes einher. Die Ausrufung des Klimanotstandes ist der erste Schritt, um Praktiken zu implementieren, die der Höhe der Herausforderung gerecht werden.

2.3 Das Unmögliche wollen!

Sina Kamala Kaufmann:

Ich werde sterben. Natürlich weiß ich das, erfahren habe ich es noch nicht, wie es ist zu sterben. Aber ich werde es erfahren, es gehört zum Leben dazu, wie gebären und geboren werden, es bedingt eine Form des Lebendigseins, der sich zu entziehen mir fernliegt und die mich befremdet. Weder das Hochladen meines Bewusstseins auf eine Festplatte, um Unsterblichkeit zu erlangen, noch die Flucht auf den Mars, noch das fatalistische Hinnehmen des Aussterbens allen Lebens, der gesamten Menschheit, aller auf uns folgenden Generationen enthebt mich meiner Verantwortung als derzeit lebendiges, sich selbst bewusstes Wesen. Wir wissen, was wir tun, wie Aleida Assmann im »Extinction Rebellion Handbuch« schreibt. Diesem Wissen können wir nur um den Preis des Selbstbetruges entkommen.

Nichts ist unmöglich! Die Zukunft ist offen und wenn sie es nicht ist, dann ist es unsere Aufgabe sie zu öffnen – für diese Erkenntnisse brauchen wir keinen Automobilkonzern oder Werbeslogans. Wir dürfen an die Offenheit der Zukunft erinnern, sie bedingt Willens- und Handlungsfreiheit. Wir brauchen diese Erinnerung angesichts des alltäglichen »das-geht-aber-nicht«, der Alltäglichkeiten, die fest verankert sind im Status Quo, in dem wir morgens aufwachen, miteinander reden, von etwas leben, eine Steuernummer haben, E-Mails schreiben und irgendwo hin müssen.

In diesen alltäglichen Umständen bauen wir uns sichere Gerüste des Möglichen und Unmöglichen.

Wer vor 150 Jahren behauptet hätte, eine Gesellschaft sei möglich, in der Frauen wählen, in der alle Bürger*innen wählen dürfen und gleichberechtigt mitwirken dürfen, man hätte ihm entgegengeschmettert: das geht nicht! Dieses »das geht nicht!« bedeutet das jähe Ende jeglicher Auseinandersetzung mit einer neuen Idee, mit einer Vision. Damit man nicht weiter darüber nachdenken muss, wie es geht, auch gemeinsam, werden wir mit unseren Gedanken mundtot gemacht, und zwar durch die Setzung des Nichtmöglichen. Nicht möglich... Das vereinfacht das Leben, reduziert den Denk- und Handlungsraum, es reduziert die Verantwortung. Es erstickt die Fortentwicklung von Idealen, die am besten an der frischen Luft und nicht in einzelnen Köpfen sich entwickeln. In einzelnen Köpfen werden sie leicht totalitär. Es gilt, das »Nicht möglich!« als Antwort zu vermeiden und den Impuls hinter diesem Verdikt offenzulegen.

Ist die Frage, wie es denn gehen könnte, nicht zulässig? Sollten wir uns nicht erstmal über die Wünsche verständigen, bevor man sie mit: »das geht nicht« verbaut? Vielleicht träumen gar jene, die besonders laut »Nicht möglich!« antworten, selbst von einer neuen Gesellschaft, vielleicht haben sie es sich selbst verboten, anders zu denken? Vielleicht wurde ihnen dieses Denkverbot auch von außen auferlegt? Nichts ist unmöglich! Die Gedanken sind frei und immer wieder neu zu befreien, frei zu lassen.

Jürgen Manemann:
Die radikale Forderung, die Treibhausgase bis 2025 auf netto-null zu reduzieren, wird vielen Politiker*innen als Unmöglichkeit erscheinen. Gegen diese Forderung werden sie die Pragmatik sogenannter Realpolitik in Stellung bringen. Was aber heißt hier »Realität«, was ist »Wirklichkeit«? Wer weiß schon, was in der Realität möglich ist und was nicht? Ja, wie können wir überhaupt herausfinden, was unsere Wirklichkeit an Möglichkeiten bereitstellt? Nur wenn wir das, was wir für die Realität halten, mit dem Unmöglichen konfrontieren, vermögen wir die in der wirklichen Realität schlummernden Möglichkeiten freizusetzen. Wer also tatsächlich das Mögliche Wirklichkeit werden lassen möchte, der muss immer auch das Unmögliche wünschen. Realpolitiker*innen definieren Politik als Kunst des Möglichen. Wenn politisches Handeln nur als Kunst des Möglichen verstanden wird, wird es sich in der Aufrechterhaltung des Status quo erschöpfen und Möglichkeiten ungenutzt lassen. Das Unmögliche ist nicht das Gegenteil des Möglichen, sondern dessen Bedingung. Da die sogenannte Realpolitik auf diese Zusammenhänge nicht genügend reflektiert, wirkt sie letztendlich krisenverstärkend – und nicht nur das: sie zerstört mit ihrem sogenannten Realitätssinn Möglichkeitssinn. Ohne eine Politik als Kunst des Unmöglichen gibt es keine Politik als Kunst des Möglichen. Deshalb konnte Václav Havel Politik als »Kunst des Unmöglichen« definieren.

2.4 Wir brauchen mehr Beteiligungsrechte!

Birgit Heitker:
Politische Entscheidungsträger*innen könnten versucht
sein, nach der Ausrufung des Klimanotstandes diesen den-
noch immer wieder zu unterlaufen. Aus diesem Grund
brauchen wir auf nationaler Ebene Bürger*innenversammlungen und auf kommunaler Ebene Einwohner*innenversammlungen, die die Umsetzung des Notstandes perma-
nent kontrollieren. Diese Versammlungen sollen über den
Klimaschutz beraten und Empfehlungen abgeben. Die Mitglieder werden nach einem Zufallsprinzip, einem »mini-
populus«, ausgewählt. Damit soll eine Repräsentativität
bezüglich Gender, Alter, sozio-kultureller Zugehörigkeit,
Bildungsniveau und Geographie gewährleistet werden.
Unsere repräsentative Demokratie leidet daran, dass immer
mehr Regierungsvertreter*innen Politik häufig kurzfristig
betreiben, in 4-Jahres-Wahlzyklen. Dadurch wurde die Klimakatastrophe immer wieder an den Rand gedrängt. Politiker*innen sind zudem dem Einfluss von Lobbyist*innen
ausgesetzt. Dagegen sind Bürger*innenversammlungen ein
kritisches Korrektiv. Sie erinnern die Regierungspolitik daran, dass Ordnungen erstarren und das Gemeinwohl aus
dem Blick verlieren können, wenn sie nicht immer wieder
verflüssigt werden, und zwar durch Veränderungen, die von
Bürger*innen eingefordert werden. Der Aktivist und Autor
Dougault Hine weist im XR-Handbuch dezidiert auf die mit

dem Klimanotstand einhergehende politische Transformation hin: »[...] a serious response to the climate emergency
will require a radical democratic process, a transformation
of our way of living in which we participate as citizens, not
just as consumers.« XR steht für die Erkenntnis, dass eine
neue Klimapolitik nicht ohne neue politische Beteiligungs-
strukturen möglich sein wird.

Störung: Gedanken zur Rebellion

Faisal Devji:

Der Name Extinction Rebellion verbindet zwei Pole – Tier und Mensch. Aussterben – das tun in der Regel Tierarten. Eine Rebellion kann nur von Menschen organisiert werden. Die Frage ist, ob die Menschen diesen möglichen Abstieg in die Animalität fürchten oder mit Freude akzeptieren sollten. Diese Mehrdeutigkeit stellt die Beziehung zwischen Mensch und Nichtmensch in Frage und bildet den Kern der Bewegung. Meine These hier ist, dass die vom Anthropomorphismus suggerierte falsche Identität von Mensch und Nichtmensch den wahren Charakter dieser Beziehung nicht sichtbar werden lässt, nämlich wechselseitige Abhängigkeit.

Die Angleichung des Tieres an die Menschheit stärkt nur die Dominanz der Menschheit gegenüber anderen Arten – und damit begann die ökologische Krise, in der wir uns befinden. Menschen und Tiere können zudem nur dann als gleichartig gelten, wenn andere Formen des pflanzlichen

und organischen Lebens aus dem Kreis des Schutzwürdigen ausgeschlossen werden. Das ergibt ökologisch aber
keinen Sinn, da letztere für die Lebenserhaltung wichtiger
sind als erstere. Doch die Erkenntnis der Verbundenheit
aller Lebensformen verhindert jede Art von Identität mit
ihnen, anstatt diese zu ermöglichen.

Die Mehrdeutigkeit im Namen Extinction Rebellion erlaubt uns weder, dass wir uns den Tieren anpassen, noch
dass wir uns mit ihnen und anderen Lebensformen identifizieren; sie fordert uns im Gegenteil dazu auf, ihre Alterität
(Andersheit) zu erhalten. So stellte sich Gandhi, der wichtigste Vorläufer des heutigen ökologischen Denkens, auch
unser Verhältnis zum Nichtmenschlichen vor. Den Kult des
industriellen Kapitalismus um grenzenlose Begierde und
grenzenloses Wachstum lehnte er ab. Gandhi befasste sich
auch intensiv mit der Beziehung zwischen Mensch und
Tier, die seiner Meinung nach die Grundlage jeder Ausbeutung bildete.

Gandhi hielt selbst das metaphysische Ideal von der
Menschheit als eine universelle, inklusive Identität für gewaltgeprägt. Die so hoch gepriesene Empathie, die eine
solche universelle Identität definieren soll, hängt nämlich
von biologischen Vorstellungen wie Ähnlichkeit und Gleichartigkeit ab, die auch rassistische und andere ausgrenzende Identitäten charakterisieren. Nur wenn die Idee einer
Menschheit mit einer gemeinsamen Sprache, Sexualität
und gemeinsamen Nahrungsgewohnheiten entschieden zu

rückgewiesen wird, ist Gewaltlosigkeit möglich. Denn wie Gandhi betonte, manifestieren sich solche gemeinsamen Beziehungen normalerweise in dem Bestreben, das Essen, das Geschlecht und die Sprache anderer zu kontrollieren.

Nur weil es keine allgemeine sexuelle, sprachliche oder Nahrungsgemeinschaft zwischen Mensch und Tier gibt, können ihre Beziehungen gewaltfrei werden. Das Tier muss nicht deshalb umsorgt werden, weil es so ist wie wir, sondern gerade weil es weder unser Sexualpartner noch Tischgenosse oder Gesprächspartner sein kann. Anstatt die menschlichen Beziehungen als Vorbild für jene mit Tieren zu nehmen, tat Gandhi das Gegenteil. Er verzichtete auf die skalierbare Logik der Ähnlichkeit und Vergleichbarkeit, die die Menschheit zu einer Bedrohung für sich und andere machte. Er zwang die Menschen dazu, ihre Grenzen anzuerkennen.

Unsere Fürsorge für Tiere ebenso wie für Mitmenschen geschieht ohne jegliches sichere Wissen über oder Identität mit ihnen. Das bedeutet, dass diese Fürsorge sich allein im Opfer offenbart. Und das Opfer war für Gandhi entscheidend, nicht weil es im Namen einer größeren Identität dargebracht wurde, sondern um seiner selbst willen und sogar gegen das Interesse der Menschheit. Dies unter der Annahme, dass das auf individueller Ebene als schädlich erkannte Eigeninteresse nicht aufhört, auch auf kollektiver Ebene schädlich zu sein. Und Eigeninteresse ist nichts anderes als Zins (Anm. Übersetzer: »interest« bedeutet im Engl. auch Zins) und somit ein Prinzip des Kapitalismus, der alles, was er benennt, in eine Form von Eigentum verwandelt.

Für Gandhi definiert das Opfer die menschlichen Beziehungen mehr als das Eigeninteresse, und er wies darauf hin, dass keine Gesellschaft ohne das freiwillige Opfer ihrer Mitglieder füreinander überleben könnte. Das Problem ist, dass sich diese Beziehungen zunehmend auf immer engere Kreise beschränkt haben, wie zum Beispiel zwischen Liebhabern, Eltern und Kindern und gelegentlich auch zwischen Glaubensgenossen oder Bürger*innen und Staaten. Auch hier sind sie durch Eigeninteresse korrumpiert worden, wie im klassischen Fall des Opfers für irgendein höheres Allgemeingut.

Doch anders als im antiken Opferverständnis sind das Interesse und der Zins Produkte des modernen Kapitalismus, dessen Naturalisierung über viele Jahrzehnte, wenn nicht gar Jahrhunderte hinweg große Anstrengungen erforderte. Wenn das Opfer nach Gandhis Ansicht durch Fasten, Nichtzusammenarbeit, zivilen Ungehorsam und sogar Tod wiederhergestellt werden muss, kann dies nur auf Kosten des Eigeninteresses geschehen, das es zu ersetzen sucht. Extinction Rebellion kann nicht auf den Begriff der Interessen setzen, wie breit man ihn auch fassen mag, ohne wieder in die Logik zu verfallen, die eben die Krise hervorgebracht hat, die diese Bewegung bewältigen will.

Nach der Zeit des Kalten Krieges, dessen bipolare Welt von Interessenpolitik beherrscht war, ist die Opferbereitschaft nun allgegenwärtig. Die Entstehung einer globalen Arena nach dem Krieg führte zu einer Krise der Interessen, nicht zuletzt weil die enorme Machtungleichheit der neuen Geopolitik sie irrelevant machte. Während die »selbstmörderische« Militanz von Al-Qaida und IS die Rückkehr des Opfers in seiner perversesten Form darstellt, markieren neue urbane Rebellionen und Besetzungen ebenfalls Orte, an denen Opferbereitschaft wiederersteht. Umweltschutz bedeutet, kapitalistische »Annehmlichkeiten« und deren Fußabdruck zu opfern.

Opfer bedeutet, Rechte aufzugeben, die mit Interessen und Vermenschlichung etwa in Form von »Tierrechten« verknüpft sind. Darüber hinaus bildet das oberste Recht – das Recht auf Leben – die Grundlage für eine Interessenlogik, die Gandhi ablehnte. Stattdessen setzte er ihr eine Pflicht entgegen, deren vorrangige und daher selbstlose Tugend der Tod ist. Die Pflicht über Rechte zu stellen und den Tod über das Leben, wird heutzutage als islamistische Militanz umgedeutet. Selbst Terroristen erkennen ebenso wie Gandhi, dass Pflichten unveräußerlich sind, nicht aber Rechte, da sie vom Staat garantiert und von seiner Erzählung von Leben, Identität und Interessen untermauert werden müssen.

Aber Interessen sind das, was ein Handeln in Bezug auf Probleme wie den Klimawandel verhindert, selbst wenn wir deren Reichweite auf die gesamte Menschheit ausdehnen. Denn Interesse ist nur plural und konkurrierend möglich – es kann kein Interesse der Menschheit geben, wenn es nicht gegen das Nichtmenschliche oder gar den vermeintlichen Unmenschen unter uns gerichtet ist. Gandhi vertrat die Ansicht, es sei immer der Drang nach Leben als Grundform des Eigeninteresses, der zu Gewalt und zum Tod anderer führe. Opferpflicht hingegen schütze Leben, eben weil sie es ignoriert.

Der rechtsgarantierende Staat stellt sich als neutraler Schlichter zwischen die Bürger*innen, die er als Interessenträger definiert. Um diese als Eigentumsformen ausgelegten Rechte zu sichern und entsprechend urteilen zu können, leugnet dieser Staat alle unmittelbaren Beziehungen zwischen den Bürger*innen. Das gilt auch für Beziehungen zwischen Menschen und Tieren, die nun vom Staat und seinen Gesetzen geregelt werden. Da der Staat wechselseitige Beziehungen zwischen Interessen nicht zulässt, macht er sie zu Konkurrenten, die nicht zusammen kommen können, es sei denn gegeneinander.

Für Gandhi wurden die rivalisierenden Interessenbeziehungen durch die kolonialstaatliche Politik des »Teile-und-Herrsche« sichtbar, aber auf die eine oder andere Weise gelten sie für jede liberale Ordnung. Wie sollte sich Extinction Rebellion also gegenüber einem Staat verhalten, der nach wie vor der einzige legitime politische Akteur in der internationalen Ordnung bleibt? Und das, ohne seiner Logik des Lebens, der Rechte und der Interessen zu erliegen, denn damit würde die Bewegung ihre eigene Mission und Dynamik negieren. Darum sollte sie sich soweit wie möglich außerhalb des Begriffsraumes des Staates bewegen.

Das ist möglich, wenn sie außerhalb der staatlichen Rhetorik von Rechten und Interessen die Rolle der Pflicht und des Opfers im gesellschaftlichen Leben ausweitet. Die Betonung des gewaltfreien Charakters der Bewegung ermöglicht, die schmerzhafte Erkenntnis von Opfer und Tod, die heute das gesamte Handeln in der globalen Arena prägen, zu verinnerlichen und zu sublimieren. Aber das ist nur möglich, wenn man sich weigert, in einer apokalyptischen Zukunftsvision gefangen zu sein, die mit der Forderung nach instrumentellen Maßnahmen zur »Lösung« der Krise Pflicht und Opfer verwirft, um die Erzählung von Leben und Interessen, Gleichheit und Ähnlichkeit wiederzubeleben.

Gandhi hat bekanntlich Mittel von Zielen getrennt, nicht nur, um zu verhindern, dass erstere durch letztere auf potenziell gewalttätige Weise gerechtfertigt werden, sondern auch, weil er instrumentelle Aktionen, wie sie von politischen und wirtschaftlichen Akteuren bevorzugt werden, per Definition für gewalttätig hielt. Zu versuchen, die Zukunft durch solche Maßnahmen zu kontrollieren oder zu gestalten, ist ein aussichtsloses Unterfangen; nicht weil es unmöglich ist, sondern weil es andere Möglichkeiten ausschließt und es notwendig macht, mit den unbeabsichtigten Folgen fertig zu werden, die alle erfolgreichen Handlungen in neue Probleme verwandeln.

Aufgabe der Gewaltfreiheit ist es nicht, spezifische Ergebnisse zu erzwingen, sondern neue Möglichkeiten zu schaffen. Diese Möglichkeiten eröffnen instrumentellen Akteuren wie Staaten Chancen, die sie selbst nicht schaffen können. In der globalen Arena nach dem Kalten Krieg, in der wir die ökologische Katastrophe angehen müssen, ist instrumentelles Handeln schwierig. Umweltaktivismus ist allein schon deswegen opfergeprägt, weil er Praktiken anwendet, die für sich genommen das Aussterben nicht stoppen können. Deshalb kann es jetzt nicht mehr um Lifestyle-Entscheidungen gehen, sondern um Rebellion.

(Übersetzt von: Michael Timmermann/einige Passagen von Simone Bischoff)

3. Unsere 10 Prinzipien und Werte

Alle sind willkommen, die die folgenden Prinzipien und Werte beherzigen:

1. Wir haben eine gemeinsame Vision der Veränderung: Eine Welt zu schaffen, die auch für zukünftige Generationen lebenswert ist.

Monika Krimmer:

Die Vision einer gemeinsamen Veränderung, für die XR steht, unterstellt, dass es trotz aller Differenz etwas Verbindendes gibt, einen Grundbestand an ethischen Normen und Werten, der sich aus religiösen, kulturellen und zum Teil auch aus philosophischen Traditionen der Menschheitsgeschichte herleiten lässt. XR steht nicht für eine Einheitsreligion, nicht für eine Einheitsideologie, wohl aber für verbindende Normen, Werte und ein verbindendes Ziel. Anders gesagt: XR steht für ein lebendiges Weltethos. Dies sieht folgendermaßen aus: XR verpflichtet auf eine Kultur der Gewaltlosigkeit und der Ehrfurcht vor allem Leben, auf eine Kultur der Solidarität und eine gerechte Wirtschaftsordnung, auf eine Kultur der Toleranz, ein Leben in Wahrhaftigkeit und eine Kultur der Gleichberechtigung aller Geschlechter. Die Grundforderung von XR beinhaltet ein globales Ethos. Ich würde es so formulieren: Ein friedliches, gerechtes Zusammenleben aller Menschen und aller Lebewesen ist Voraussetzung für Leben auf der Erde.

Jürgen Manemann:
Wir benötigen Zukunftsfähigkeit. Ohne einen Sinn für Zukunft gibt es keine Zukunftsfähigkeit. Zukunftssinn stellt sich ein, wenn die alles durchdringende Macht der Gegenwart durchbrochen wird. Das geschieht, wenn wir nach dem Sinn unseres Tuns fragen. Die Warum-Frage ist eine Anfrage an die Sinnhaftigkeit unseres bisherigen Lebens. Solche Fragen und Anfragen lassen wir aber nicht an uns heran, weil wir Angst davor haben, uns mit der Zukunft zu befassen. Wir sind tief verunsichert über das, was die Zukunft bringen wird. Denn eines wissen wir insgeheim alle: Die Zukunft, von der zu sprechen wäre, ist mehr und anderes als die Verlängerung unserer Gegenwart in die Zukunft. Unsere Gegenwart wird keine Zukunft haben. Diese Erkenntnis löst Angst aus, vor allem deshalb, weil die berechtigte Angst vorherrscht, dass die Gegenwart durch eine schlechte Zukunft abgelöst werden könnte. Zu diesen

Ängsten kommt noch die Angst vor der Angst hinzu. Wir sprechen nicht über unsere Ängste, sondern verdrängen und tabuisieren sie. Angst ist zutiefst doppeldeutig: Angst kann lähmen; sie kann aber auch Anzeiger von Zukunft sein, denn ohne das Gefühl von Angst gibt es keine Zukunft. Zukunft kündigt sich nämlich dadurch an, dass sich Gegenwärtiges auflöst. Solange aber ungewiss ist, durch was denn das, was ist, abgelöst wird, befinden wir uns in einer Krise, und das löst Angst aus. Diese Angst ist jedoch Zukunftsindikator. Und so können Shumon Basa, Douglas Coupland und Hans Ulrich Obrist in ihrem »Leitfaden für die extreme Gegenwart« schreiben: »Du weißt, dass die Zukunft wirklich da ist, wenn du Angst bekommst.« Angst ist dann produktiv, wenn sie Veränderung auslöst und wenn sie einhergeht mit einer Vision der Veränderung. Eine gemeinsame Vision der Veränderung gibt es nicht ohne Möglichkeitssinn. Dieser scheint aber mehr und mehr ausgetrocknet zu sein. Wir leiden an einem Realitätssinn, der uns auf eine vermeintliche, den Status quo erhaltene Vorstellung von Wirklichkeit festnageln will. XR stellt dieser Wirklichkeit die wirkliche Wirklichkeit entgegen, bleibt dabei jedoch nicht stehen. XR steht für Widerstand – und dazu braucht es Möglichkeitssinn. Möglichkeitssinn kann sich nur in Erfahrungen von Selbstwirksamkeit einstellen. Dazu müssen wir aktiver Teil von Veränderungsprozessen werden. Die Erfahrung von Veränderung ist die Voraussetzung dafür, dass sich Möglichkeitssinn einstellen kann:

»Nur wenn, was ist, sich ändern läßt, ist das, was ist, nicht alles.« (Theodor W. Adorno) XR setzt mit den gemeinsamen Aktionen darauf, dass Erfahrungen kollektiver Selbstwirksamkeit möglich werden.

Sina Kamala Kaufmann:
Ein Anliegen des Extinction-Rebellion-Handbuchs ist es, auch nachvollziehbar zu machen, warum feinfühlige, erfolgreiche und gescheiterte, angepasste und tatkräftige oder hochqualifizierte und anders privilegierte Menschen, eine bislang unsichtbare Elite plötzlich so weit geht und die Normalität stört, gar Gesetze bricht, sich in offener Opposition sichtbar macht, um mit Dringlichkeit auf die Tiefe des Wandels hinzuweisen, den wir als Gesellschaften vor uns haben.

Wir stecken in einer Krise der Demokratie, auch der Debattenfähigkeit, also der medialen Öffentlichkeit, und der Verwaltung. Die weiter ungebremst fortschreitende Klimakrise und der Rechtspopulismus machen dies unmissverständlich deutlich. Wir* sind auch ein sich selbst-organisierendes Ökosystem, das derzeitig bei vollem Bewusstsein ungebremst auf Selbstzerstörung zusteuert.

Die repräsentative Demokratie hat Defizite, die strukturell überwunden werden müssen. Dies erfordert eine gemeinsame Anstrengung, damit Ideen und Lösungen überhaupt diskutiert und notwendige Entscheidungen getroffen werden können, um einen gerechten Interessenausgleich zu gewährleisten. Insofern nähren wir mit unseren Ideen und unserer Praxis die Entwicklung einer gemeinsamen Vision. Dabei legen wir die Konkretisierung und Ausgestaltung der Lösungen bewusst in die Hände einer entscheidungsfähigen, demokratischen Institution. Ja, wir stellen damit Machtstrukturen und Prozesse zu diesem Zeitpunkt und mit jedem Recht sehr grundlegend in Frage. Bewusst attackieren wir nicht einzelne Positionen oder Menschen, sondern nehmen das System, die Strukturen in den Blick.

Wie viele andere habe auch ich Ideen und Erfahrungen, wie es anders gehen könnte. Aber Extinction Rebellion weist darauf hin, dass es bereits Ideen und bindende Beschlüsse gibt, dass ihre Umsetzung und Weiterentwicklung allerdings fortwährend scheitert.

Survival of the Fittest. Überleben der Anpassungsfähigsten. Variation. Selektion. Absicherung... Evolution.

Die derzeitige repräsentative Demokratie hat strukturelle Defizite im Hinblick auf die Verantwortlichkeit der Repräsentant*innen und Beamt*innen, die sinnhafte Einbindung der Bürger*innen, die Forderung und Anerkennung solidarischer Praxis und im Blick auf langfristige Zielsetzungen und -überprüfungen, die auch das Erreichen der Ziele möglich machen. Dies wird durch die – trotz anderer Beschlüsse und wider besseres Wissen – ungebremst fortschreitende Klimakatastrophe und die beängstigende Resonanz, die der Rechtspopulismus erfährt, schmerzhaft deutlich.

Bei XR machen wir uns in offener Opposition sichtbar, um auf die Tiefe des Wandels, den wir als Gesellschaft vor uns haben, hinzuweisen. Wir möchten mit dieser Dringlichkeit sanft erzwingen, dass es ein bewusster demokratischer Wandel wird, in dem das Gemeinwesen, die Gesellschaft und bereits erkämpfte Grundwerte fortexistieren.

Die Klimakrise ist eine Krise der Demokratie und eine Chance ihrer Weiterentwicklung.

2. Unser Fokus liegt auf dem Erreichen des Notwendigen: Die 3,5 Prozent der Bevölkerung zu mobilisieren, die nötig sind, um Systemveränderungen zu erreichen.

Monika Krimmer:
Für XR heißt die Wahrheit sagen, auszusprechen, was ist. Hier möchte ich David Wallace-Wells zitieren: »Ich verspreche Ihnen, dass es schlimmer ist, als Sie denken. Wenn Ihre Angst vor dem Klimawandel von der Sorge um steigende Meeresspiegel bestimmt ist, kratzen Sie gerade an der Oberfläche dessen, was an schrecklichen Dingen bereits im Leben eines heutigen Teenagers möglich ist. Die ansteigenden Meere – und die Städte, die in ihnen versinken – haben das Bild der Erhitzung der Erde derart geprägt, dass wir andere damit verbundene Bedrohungen gar nicht mehr wahrnehmen. Steigende Meeresspiegel sind schlecht, sogar

sehr schlecht, aber es wird nicht damit getan sein, von der Küste wegzuziehen.« XR macht Hoffnung, es gemeinsam zu schaffen, die Untätigkeit hinter uns zu lassen im Finden eines Zusammenhalts mit Menschen, die sich engagieren und wirksam werden, im Wissen, dass Veränderung möglich ist und so die Erde unsere Heimat bleiben kann.

Jürgen Manemann:
Viele Menschen glauben nicht, dass radikale Veränderungen möglich sind. Studien zeigen, dass dieser Eindruck falsch ist. Es gibt auch hier Kipppunkte. Ideen können sich innerhalb kürzester Zeit wie Epidemien verbreiten. Dazu bedarf es dreier Eigenschaften, wie Max Gladwell gezeigt hat: »zum einen die Ansteckung, zum zweiten die Tatsache, dass kleine Ursachen große Wirkungen haben können, und zum dritten, dass die Veränderung nicht allmählich, sondern in einem dramatischen Moment eintritt«. Progressionen können sich exponentiell entwickeln. Der Kipppunkt »ist der Moment der kritischen Masse, die Schwelle, der Hitzegrad, bei dem Wasser zu kochen beginnt«. XR bezieht sich auf die Studien von Erica Chenoweth und Maria J. Stephan über zivilen Widerstand. Chenoweth wird nicht müde darauf hinzuweisen, dass die Frage radikaler Transformation keine Frage von Quantitäten ist. Sie spricht von der 3,5 %-Regel: 3,5 % reichen aus, um eine Gesellschaft radikal zu transformieren. Nun bezieht sich die Studie zwar auf autoritäre und totalitäre Systeme. Ob Gleiches auch für

demokratische Systeme zutrifft, ist empirisch nicht erwiesen. Wichtig ist jedoch die Erkenntnis, dass für radikale Umbrüche eine kritische Masse ausreichend ist.

3. Wir brauchen eine Regenerationskultur: Wir schaffen eine Kultur, die gesund, anpassungsfähig und belastbar ist.

Monika Krimmer:
Wir müssen die Ursachen analysieren, warum wir nicht so handeln, wie wir handeln sollten. Dazu brauchen wir die Erkenntnisse der Psychologie und Psychoanalyse, die die Ängste und inneren Hindernisse der Menschen zu verstehen versuchen, um Handlungsbereitschaft zu ermöglichen, wie es George Marshall, Sally Weintrobe und Paul Hoggett beschrieben haben. XR hat erkannt, dass wir mit den Sinnen die Wahrheit wahrnehmen müssen, wenn sie uns verändern soll, nicht nur kognitiv, sondern vor allem emotional muss die Bedrohung der Menschheit verstanden werden. Die anscheinende Umwelt-Apathie der Menschen wird von der Umwelt-Psychologin Renee Lertzman als Ausdruck von Trauer, oder man könnte auch sagen als Umweltmelancholie verstanden: diese durch Umweltthemen ausgelösten Ängste zu verstehen und auszusprechen, die entstehenden Ambivalenzen und Konflikte zu lösen versuchen und sich dann Ziele der Veränderung zu suchen, das sei der Weg, den Zustand der Apathie zu verlassen. So

kann die Kluft zwischen Wissen und Handeln überbrückt werden.

Ingo Bittner:
XR steht für das Leben. Um das zum Ausdruck zu bringen, haben wir in Hannover in unserer ersten Aktion Insektenhotels an einem Autokreisel gebaut und aufgestellt. Übrigens wurden diese Hotels bis heute nicht zerstört, auch die XR-Fahne weht dort immer noch. Ja, wir stören, wir blockieren, aber um Raum für das Leben zu schaffen. Um das den Einwohner*innen zu vermitteln, engagiert sich XR für Community-Building, so möchte ich auch einen Greenday organisieren, an dem wir die Stadt von Plastik etc. befreien.

Jürgen Manemann:
Wenn Menschen Kulturen erfinden, um das Leben Anderer, das eigene Leben und nicht-menschliches Leben zu erhalten, dann zeigt die Erhitzungskatastrophe, dass mit den kulturellen Grundlagen unseres Zusammenlebens etwas nicht mehr stimmt. In Zeiten der Erhitzungskatastrophe wird Kultur das neue Wort für Politik. Kultur steht für eine »Herabsetzung des Kampfes ums Dasein« (A. Schweitzer). Es gilt, »jedes Vernichten immer als etwas Furchtbares (zu) empfinden und uns in jedem einzelnen Falle (zu) fragen, ob wir die Verantwortung dazu tragen können, ob es nötig ist oder nicht« (A. Schweitzer).

4. Wir stellen uns selbst und unser toxisches System offen in Frage:
Dabei verlassen wir unsere Komfortzonen, um uns aktiv für Veränderungen einzusetzen.

Till Bleis:
XR nennt drei Forderungen, nicht mehr. Wir fordern Menschen nicht dazu auf, dieses oder jenes in ihrem Leben zu verändern. Wir rufen ihnen nicht zu: Werdet alle Veganer*innen! Auch wenn wir uns darüber freuen würden. Uns geht es um gesamtgesellschaftliche Veränderungen, und wie diese konkret aussehen, soll in den Bürger*innenversammlungen beschlossen werden.

Tino Pfaff:
Das, wonach XR strebt, gleicht in weiten Teilen einer moralischen Revolution. Diese vollzieht sich, wie der Nachhaltigkeitswissenschaftler Uwe Schneidewind im Rekurs auf den Philosophen Kwame Anthony Appiah herausgearbeitet hat, in fünf Phasen:

Phase 1: Die Ignoranz.
Sie ist eine der größten Stützen menschlicher Untaten. In dieser Phase wird das Problem aufgrund tief verankerter Traditionen und Praktiken nicht erkannt bzw. von der gesellschaftlichen Mehrheit nicht in Frage gestellt. Die moralischen Argumente sind jedoch bereits bekannt, besitzen

aber nicht die Kraft und Tragweite, sich gegen die herrschenden Praktiken durchzusetzen.

Phase 2: Die Anerkennung – ohne eine persönliche Bezugnahme.
Herrschende Praktiken werden als schlecht und verwerflich erkannt. Dadurch wird das Ehrgefühl geweckt, Unmut macht sich breit und das Individuum oder staatliche Gebilde sieht Ruf und Anerkennung in Gefahr.

Phase 3: Die Anerkennung – der persönliche Bezug wird erkannt; Gründe für das Nichthandeln sind jedoch noch vorhanden.
Scham und Verachtung gegenüber herrschenden Praktiken machen sich breit. Die Befürchtung vor dem Verlust von Respekt und Status wächst, was dem Bedürfnis nach Anerkennung große Sorge bereitet. In Teilen der Bevölkerung treten Verhaltensänderungen ein, Widerstände wachsen, Versammlungen und Auflehnungen nehmen zu und neue Möglichkeiten werden sichtbarer und attraktiver.

Phase 4: Das Handeln.
Die revolutionäre Wandlung beginnt. Alte normative Vorstellungen und ihre Träger*innen verlieren an Zustimmung. Neue Regelwerke werden von den Gesellschaften aufgezeigt und schließlich kommt es zu neuen Verhaltens und Gefühlsmustern.

Phase 5: Das Unverständnis.

Alte Praktiken werden nicht nur verworfen, sondern auch als verwerflich und schändlich angesehen. Die Gesellschaft hat Altes abgelegt und erklärt Neues für richtig.

In diesem Prozess geht es nicht nur um moralische Werte(-verschiebungen), es geht ebenso um Respekt, Anerkennung, Achtung, Identität, Ehre und Würde. Denn »nicht die moralischen Werte [sind] neu, sondern die Bereitschaft, nach ihnen zu leben« (K. A. Appiah).

Jürgen Manemann:

Das bestehende System lässt Neues nicht zu. Es stabilisiert sich über aggressives Wachstum. Die Erhitzungskatastrophe offenbart die Grenzen dieses maßlosen Systems. In diesem System werden aber nicht nur Ressourcen verbrannt. Auch wir brennen aus. Ermüdungs- und Lähmungserscheinungen breiten sich massenhaft aus. Wir hören von »Burn out«, von »Depression« – Begriffe, die mittlerweile fester Bestandteil unserer Alltagssprache geworden sind. Jede*r von uns kennt Menschen, die darunter leiden. Immer mehr Menschen leiden unter Anerkennungszerfall und Sinndefiziten, die wiederum Kontrollverluste zur Folge haben. Immer mehr Menschen kommen Selbstvertrauen und Selbstwertgefühl abhanden. Unser Verhalten, d. h. unser Nicht-Handeln, zerstört unsere Selbstachtung. Ein solcher Verlust an Selbstachtung kann Fatalismus fördern und zu einem Kontrollverlust über das eigene Leben führen, der nicht zuletzt auch gedankenlose Ressourcenverschwendung hinnimmt und verstärkt. Das System macht Menschen krank. In dieser Situation stellen immer mehr Menschen die Frage nach dem Warum. Vielleicht stehen wir ja am Anfang einer neuen Bewusstseinsregung, hervorgerufen durch etwas in uns, das noch nicht völlig durch das System vergesellschaftet wurde.

Tino Pfaff:
XR steht für das Vertrauen, dass es uns gelingt, die nötigen Veränderungen in Gang zu bringen. Dies impliziert für mich das Potential zu einem mündigen Dasein eines jeden Individuums, unabhängig davon, welche gesellschaftliche Position als besetzt gilt. Um jedoch diese Mündigkeit in der Breite der Gesellschaft zu erlangen und zu pflegen, bedarf es des Einsatzes derer, die das Privileg besitzen, protestieren zu können, für jene, denen das aus verschiedensten sozioökonomischen Abhängigkeiten und Konstrukten zurzeit nicht möglich ist. Nur so lassen sich Änderungen herbeiführen, durch die eine partizipative und echte Demokratie an die Stelle der Postdemokratie tritt. Erst dann wird aus dem Privileg des zivilen Protestes eine Option, die allen Menschen in der Gesellschaft offen steht. Das wird jedoch bislang durch jene Postdemokratie verhindert, die durch »Regel- und Steuerungsverlust der Nationalstaaten, Transnationalisierung von Problemlagen ohne die Transnationalisierung von Lösungsmechanismen, Unterordnung von Demokratie und Zivilgesellschaft unter den Bereich des

Ökonomischen« und »das Anwachsen von Nationalismus und Rechtspopulismus« (A. Braune) geprägt und bedingt ist.

Jürgen Manemann:
»Es geht heute, auch und gerade politisch, darum, daß wir ›anders leben‹ lernen, damit andere Menschen und Kreaturen überhaupt leben können.« (J.B. Metz) Das Antidepressivum gegen die vermeintliche Alternativlosigkeit des Systems ist eine neue Sensibilität für das Leid aller Kreaturen. Von ihr aus beginnt der Widerstand gegen eine den Menschen knechtende Bedürfnisbefriedigung.

Friederike Schmitz:
Zum »toxischen System«, in dem wir leben, gehören nicht nur die Unterdrückungsverhältnisse der Menschen untereinander und nicht nur unser problematisches Verhältnis zur Natur. Entscheidend ist unsere Beziehung zu unseren fühlenden Mitlebewesen, den Tieren. In der Umwelt- und Klimabewegung werden sie zu leicht vergessen bzw. einfach als Teil der Natur verstanden. Aber die sogenannten »Nutztiere«, die wir milliardenfach ausbeuten und töten, sind kein Teil der Natur – wir haben sie zu unseren Zwecken erschaffen. Und auch die wildlebenden Tiere, die wir ausrotten und deren Lebensräume wir zerstören, sind nicht bloß Teil der Natur, sie sind eigenständige Subjekte und Individuen mit eigenen Interessen und Ansprüchen. Wir müssen die Ökosysteme des Planeten nicht nur deshalb er-

halten, weil wir sie selbst zum Leben brauchen. Sondern auch, weil sie die Heimat all der anderen Wesen sind, mit denen wir diesen Planeten teilen. Mein Wunsch ist, dass von Extinction Rebellion auch eine Neuausrichtung unserer Beziehung zu den Tieren ausgehen kann.

Extinction Rebellion stellt keine spezifischen Forderungen in einzelnen Wirtschaftsbereichen, weil es die Aufgabe der Bürger*innenversammlung sein wird, konkrete Maßnahmen festzulegen. Gleichwohl sind einige Änderungen offensichtlich notwendig, um wirksam Klimagerechtigkeit herzustellen. Dazu gehört eine umfassende Agrarwende – wir müssen weg von der Tierproduktion, die derzeit unverhältnismäßig viele Ressourcen verbraucht sowie riesige Mengen Emissionen und weitere Umweltprobleme verursacht. Die Nutzung von Rindern, Schweinen und Hühnern für unsere Ernährung mindestens drastisch zu verringern, ist eine praktische Notwendigkeit.

5. Reflexion und Lernen sind uns wichtig: Wir folgen einem zyklischen Prozess aus Aktion, Reflexion, Lernen und dem Planen weiterer Aktionen. Wir entwickeln uns weiter, indem wir von anderen und aus unseren eigenen Erfahrungen lernen.

Tino Pfaff:
Die Rebellion will nicht erziehen, sie will nicht bevormunden und sie will gewiss keine fertigen Lösungsvorschläge

vorlegen. Mit der Forderung zur Einberufung einer Bürger*innenversammlung wird das grundständige Vertrauen
aufgegriffen, ein echter demokratischer Prozess kreiert und
der Wille als auch die Fähigkeit zur Bildung zur Mündigkeit
in die Hände aller Beteiligten gelegt: in die Hände der Zivilgesellschaft, der Politik und letztlich auch der Wirtschaft.
Es geht um ein großes gemeinsames Projekt zur Bewah-
rung einer lebenswerten Welt; es geht um die Rettung der
Erde. Die Bildung zur Mündigkeit kann zu der Erkenntnis
führen, dass wir Menschen und unsere Arten und Weisen
zu leben verantwortlich sind für die bestehende ökologisch-
klimatische Katastrophe. Doch dieser Erkenntnisprozess
zur Realisierung der gegenwärtigen Bedrohung und der
Verantwortlichkeiten ist komplex. Gepaart mit Empfindun-
gen wie Angst, Furcht, Verleugnung, Scham und Schuld ist
dieser Prozess ein steiniger und von Rückschlägen geplag-
ter Anstieg. Doch ist dieser Berg der Erkenntnis erst einmal
bestiegen und sind die ersten Hürden genommen, dann
macht sich Übersicht breit. Eine Übersicht in Form von je-
nen Erkenntnissen, die uns Menschen so klar erscheinen,
dass wir in der Rückschau nicht mehr verstehen können,
wie wir einst so denken, handeln und leben konnten. Doch
wie gelangen wir Menschen dorthin? Wie schaffen wir es,
unsere Erkenntnisse und unser Wissen – welches bereits
schon heute sehr vielen Menschen innewohnt – in Handlungen umzusetzen? Eine Möglichkeit ist es, uns selbst
gegenüber einzugestehen, dass wir nicht perfekt sind, dass

wir lernfähige Wesen sind und dass wir Gegebenheiten, Traditionen, Normen, Werte und entsprechende Handlungsformen, in denen wir zwar heute noch gefangen sind, verändern können. Wir können uns schon morgen in Lern- und Erkenntnisprozesse begeben, durch die wir die uns fesselnden Handlungsnormen hinter uns lassen, sodass wir später verdutzt, reumütig und von Scham ergriffen auf uns selbst zurückblicken. Der Schlüssel zu diesen Erkenntnissen und der davon abhängigen rasanten sozial-ökologischen Transformation in Form einer rebellisch angeleiteten moralischen Revolution ist das bereits erwähnte Vertrauen. Wir brauchen das Vertrauen in uns selbst, das Vertrauen in unsere Mitmenschen, das Vertrauen in uns alle, als vernunftbegabte Menschen, dass wir die Gegenwart derart revolutionieren und transformieren können, dass eine lebenswerte Zukunft für Menschen, Tiere und Pflanzen möglich ist. Wir brauchen das Vertrauen in die Fähigkeit, uns auf einen emanzipierten Pfad zum Erlangen der selbstgebildeten Mündigkeit zu begeben, an dessen Ende die Rettung der Erde aufwartet.

Jürgen Manemann:
Demokratie ist nicht nur eine Regierungsform, sondern vor allem eine Lebensform. Lebensformen zeichnen sich dadurch aus, dass sie unseren alltäglichen Umgang prägen. Sie stellen uns Praktiken bereit, die uns helfen Probleme zu lösen oder ihnen standzuhalten. In der Auseinandersetzung

mit der Erhitzungskatstrophe erfahren wir, dass unsere bisherige Lebensform nicht ausreicht, um die Probleme zu lösen. Wenn wir die Demokratie als Lebensform retten wollen, müssen wir ihre Lernfähigkeit stärken. Nur eine lernende Demokratie ist überlebensfähig. Fangen wir bei uns an!

6. Alle sind willkommen – so wie sie sind: Wir arbeiten aktiv daran, ein geschütztes und zugängliches Umfeld zu schaffen.

Julia Förster:
22. Mai 2019 – Check-In beim Offenen Treffen mit rund 25 Menschen, etwa vier Wochen nach dem Start von XR-Hannover. Viele sind, wie ich, zum ersten Mal dabei. Wir berichten reihum von der Euphorie, von diesen Momenten, in denen wir eher zufällig von Extinction Rebellion erfuhren. Von der unerwarteten Hoffnung, auf die existenzielle Bedrohung endlich angemessen reagieren zu können und dem realitätsverweigernden »Business as usual« zu entkommen. In meiner Erinnerung ist an diesem Abend aus dem Nichts ein großes Wir entstanden, eine große Gemeinsamkeit, die vielleicht zwangsläufig entsteht, wenn alle wissen: Ja, es geht ums Ganze. Es geht *uns* ums Ganze. Action begins.

Allein an diesem ersten Abend war, wie ich heute weiß, nicht nur eine Altersspanne von mehr als 40 Jahren abgedeckt. Es waren unter anderem dabei: ein Pfleger, eine

Meeresbiologin, ein Azubi – XR-Hannover-Mitgründer und an diesem Abend Moderator –, eine Sozialarbeiterin, ein Philosoph, Freiberufler*innen, ein Marketing-Experte, einige Student*innen, ein Professor und ein halbes Dutzend Fridays-for-Future-Schüler*innen. Wir sind eine echt bunte Truppe. Und die Erkenntnis, wie vertrauensvoll und effizient eine solche bunte Truppe zusammenarbeiten kann, ist vielleicht eine der größten positiven Nebenwirkungen, die XR in die Welt bringt.

Jürgen Manemann:
XR steht für eine Kultur der Anerkennung, in der Menschen in ihrer Andersheit (Weltanschauungen, Kulturen, Religionen, Gender etc.) und Anderheit (die unverwechselbare Individualität) anerkannt werden. Wir leben in einer Welt voller Widersprüche und Ambiguitäten (Uneindeutigkeiten). XR-Arbeit ist Mitarbeit an einer Anerkennungskultur, die uns hilft, unsere Ambiguitätstoleranz zu stärken.

7. Wir überwinden hierarchische Machtstrukturen: Wir gleichen das Gefälle von Macht und Einfluss aktiv aus, um eine gerechte Teilhabe zu ermöglichen.

Maximilian Matthias:
Jede*r kann im Namen von XR auftreten und Aktionen durchführen. Die einzige Bedingung: Die Werte und Prin-

zipien der Extinction Rebellion müssen akzeptiert und eingehalten werden. Wir sind ein Selbst-organisierendes-System (SOS). Dieses ermöglicht größtmögliche Autonomie im Handeln, aber auch flexible und basisdemokratische Strukturen. Das System beruht auf der Verteilung von Mandaten, die für Dezentralität und Autonomie stehen. Anders gesagt: Es geht um verteilte Autorität. So erschaffen wir selbst eine Kultur und ein System, in dem wir gerne leben wollen. Kennzeichnend für diese Struktur ist eine Dezentralität mit schwachen hierarchischen Elementen.

»XR-Constitution«[1]*:
1. Das System basiert auf dem Prinzip der verteilten Autorität, bei dem Entscheidungsbefugnisse auf Einzelpersonen in Rollen mit klaren Mandaten dezentral verteilt werden. Wenn jemand ein Mandat in einer Rolle hat, bedeutet das, dass er die Autorität besitzt, eine Entscheidung zu treffen, und gleichzeitig ist damit eine Erwartung gesetzt, die andere von dieser Rolleninhaber*in haben können.

---

1 | Mittlerweile konnte auf der Basis der Diskussionen innerhalb von XR-Deutschland ein SOS-Handbuch erstellt werden. Dieses Handbuch wird fortwährend aktualisiert: XR Deutschland, Ein Selbstorganisierendes System (SOS). Das Handbuch ist abrufbar auf der Seite https://extinctionrebellion.de/.

2. Verwende Gruppenentscheidungen nur dann, wenn es notwendig ist, und nicht standardmäßig! Es ist vielleicht die teuerste (in Bezug auf Zeit, und wenn es nicht gut gemacht wird, kann es auch Motivation kosten) Art und Weise, Entscheidungen zu treffen, und kann alles stark verlangsamen.

3. Transparenz: Je klarer du in deinen Rollen bist, umso einfacher wird es sein, mit dir zusammenzuarbeiten.

4. Dieses System wurde entwickelt, um schnell zu handeln und die Weisheit mehrerer Perspektiven zu integrieren.

5. Der Informationsaustausch findet durch Teambesprechungen in unterschiedlichen Kreisen statt.

Alle Teilnehmer*innen sind durch die gemeinsamen Prinzipien und Werte miteinander verbunden, die für alle Verbindlichkeit besitzen.

XR-Anonymus:
Nicht jeder kann tun und lassen, was er will. Jede neue Idee muss in der Exchange-Gruppe national abgestimmt werden. Ansonsten gibt es ein heilloses Durcheinander. Wir brauchen Richtlinien, an die jeder sich halten muss. Daran gilt es zu arbeiten.

XR-Anonyma:
Nein, jede*r kann Aktionen durchführen. Ansonsten laufen wir Gefahr, Kreativität im Keim zu ersticken.

Till Bleis:

Einer der zentralen Vorteile des selbstorganisierenden Systems ist, dass es freie, kreative Entfaltung ermöglicht und so schnelles Wachstum fördert. Das System kann organisch wachsen, indem sich Menschen mit ähnlichen Interessen lokal, landesweit und international jeweils in den gleichen Gruppen zusammenfinden. Ähnliche Strukturen gibt es auch in der Natur. Unter anderem bei Kohlköpfen. Besonders gut ist diese Struktur beim Romanesco erkennbar. Im Unterschied zu Prozessen natürlichen Wachstums können in selbstorganisierenden Systemen aber auch Strukturebenen innerhalb bestehender Gruppen entstehen, etwa dann, wenn sich mehr Menschen in einer Einheit organisieren und Subsysteme bilden. SOS steht somit für Skalierbarkeit und Fraktalität.

Maximilian Matthias:

Damit unser System bestmöglich funktioniert, brauchen wir Aktionen. Ohne Aktionen kann es keine Rebellion geben. Dabei müssen wir uns nach jeder Aktion stets kritisch hinterfragen. Wir müssen lernen. Dafür steht auch das SOS: Aktion, Hinterfragen, Lernen.

8. Wir vermeiden Schuldzuweisungen und Beleidigungen: Wir alle leben in einem toxischen System, doch trägt kein Mensch allein Schuld.

Jürgen Manemann:
Jede*r von uns wurde in die Strukturen dieses Systems hineinsozialisiert. Den Schuldzusammenhängen, die das System produziert, entkommt niemand. In diesem Sinne kann es nicht darum gehen, nur einzelnen Personen Schuld zuzuweisen. Wir müssen also über strukturelle Schuld sprechen. Anders verhält es sich mit der politischen Schuld. Diese kommt durch Handlungen politischer Repräsentant*innen zustande und bezieht sich auch auf diejenigen, die diese gewählt haben. Davon zu unterscheiden ist die kriminelle Schuld, die absichtlich durch Verstoß gegen das Recht entsteht. Und es gibt eine persönliche moralische Schuld, an der wir nicht nur Anteil haben, wenn wir selbst amoralisch handeln, sondern auch, wenn wir nicht handeln. Wer sich weigert, zu handeln, Verantwortung zu übernehmen, wird schuldig.

9. Wir sind ein gewaltfreies Netzwerk:
Wir nutzen gewaltfreie Strategien und Methoden als effektivste Mittel, um Veränderungen herbeizuführen.

Tino Pfaff:

Gewaltfreier ziviler Ungehorsam ist gewiss keine neue Erscheinung. Historisch prägnante Ereignisse wie die Schwarze Bürgerrechtsbewegung der 1960er Jahre in den USA oder die Befreiung Indiens vom (traditionellen) Kolonialismus in den 1930er Jahren haben mit gewaltfreien Protesten grundlegende Veränderungen bewirkt. Aber nicht nur Martin Luther King Jr. oder Mohandas Gandhi, als Gesichter dieser Ereignisse, wählten den Weg des gewaltfreien zivilen Ungehorsams oder untermauerten diese Art des zivilen Widerstandes theoretisch. An dieser Stelle empfehle ich das Buch von Andreas Braune: »Ziviler Ungehorsam – Texte von Thoreau bis Occupy«. Die Kraft dieser Form des öffentlichen Protestes ist immens, und der Schlüssel scheint unweigerlich in der Abgrenzung zu anderen zivilen Widerstandsformen zu liegen. Von Revolten, Aufständen, Streiks, Revolutionen, Attentaten und anderen setzt sich der zivile Ungehorsam durch ein entscheidendes Moment ab: Dieses Moment des absoluten Gewaltverzichts ist der »Ausweis der Zivilität des zivilen Ungehorsams« (A. Braune). Dadurch dass gewaltfrei rebelliert wird, ist ein Alleinstellungsmerkmal gegenüber den anderen Widerstandsformen gegeben und gesellschaftlicher Zuspruch für den Protest ist umso wahrscheinlicher.

Der Widerstand richtet sich nicht gegen die Verfassung an sich, sondern lediglich gegen als ungerecht empfundene, partikulare Gesetze, Verordnungen oder Maßnahmen. Gewaltfreier ziviler Ungehorsam ist somit eine akzeptierte als auch »stabilisierende« (John Rawls) Form gesellschaftlichen Aufbegehrens.

Das gewaltfreie Agieren schenkt den Akteur*innen zwei grundlegende Vorteile. Erstens: Anders als bei den anderen genannten Widerstandsformen, welche in der Historie und noch heute gegen Regierungen angewandt wurden und werden, ist dem gewaltfreien zivilen Ungehorsam von Seiten der Regierung nur schwer etwas entgegenzustellen, ohne dass es zu einer einseitigen Ausübung von Gewalt kommen würde. Regierungen bzw. deren ausführende Organe, die mit physischer Gewalt gegen Menschen vorgehen, die jeglichem körperlichen und verbalen Widerstand entbehren, werden die Akzeptanz der Zivilgesellschaft nicht lange für sich beanspruchen können. Zweitens: Wer glaubt, Gewalt sei eine adäquate Lösung zur Durchsetzung ziviler Bedürfnisse, dessen/deren Argumentation gleicht der Behauptung, »wir könnten ein schädliches Kraut pflanzen und eine Rose erhalten« (Mohandas Gandhi). Das Mittel ist somit auch zugleich der Zweck. Eine gewaltfreie und befreite Gesellschaft mit Gewalt zu erkämpfen, ist ein verlorenes Unterfangen.

**10. Wir stützen uns auf Selbstbestimmung
und Dezentralität:
Gemeinschaftlich schaffen wir die notwendigen
Strukturen, um bestehende Machtverhältnisse zu
verändern. Alle, die diesen Prinzipien und Werten
folgen, können im Namen von Extinction Rebellion
in Aktion treten.**

Birgit Heitker:
Wir wollen durch neue Formen partizipativer Demokratie
die Beteiligungsrechte von Bürger*innen und Einwohner*innen stärken. Beteiligung steht nicht nur für Macht-
teilung, sondern auch für soziale und politische Lernpro-
zesse. In partizipativen Verfahren geht es darum, »sich
das menschliche Vermögen zur Empathie, zu Vertrauen
und Kooperation beziehungsweise Kollaboration sowie das
Streben nach Vergemeinschaftung« (Patrizia Nanz/Claus
Leggewie) zunutze zu machen. In alledem besteht ein »kon-
sultativer Mehrwert«.

Tino Pfaff:
Oft sind Revolutionen schon nach kurzer Zeit in hierarchische und elitäre Machtgefälle umgekippt. Alte Ungleich-
heiten und Ungerechtigkeiten wurden in den gesellschaftlichen Strukturen der postrevolutionären Zeit reproduziert.
Jahrelange Kämpfe endeten letztlich wieder in einem System, welches alte Machtstrukturen und Gewaltmonopole in

neuer Semantik, aber in alter Gestalt auferstehen ließen. Um dieses Szenario zu umgehen, braucht eine (mit Fokus auf XR) Rebellion »bereits Momente der Utopie, die sie zu realisieren versucht« (Bini Adamczak). Eine Rebellion als sozial-ökologische Transformation zielt auf die Konstruktion von herrschaftsarmen Bedingungen innerhalb jenes transformativen Prozesses. Die Lebensweisen und Strukturen, welche die Akteur*innen in postrebellischen Zeiten zu erreichen versuchen, sind letztlich jene, die bereits während der Rebellion entstehen. Dieser Ansatz findet sich auch im XR-Konzept des self-organizing-systems, welches sich durch Inklusivität, Dezentralität und Transparenz auszeichnet und die Grundlage für eine gelingende Rebellion darstellt. Statt um Misstrauen und Kontrolle geht es um Vertrauen – Vertrauen in die Mitmenschen, dass ihre Entscheidungen und ihr Handeln zum Wohle der Gesellschaft beitragen. An Stelle von hierarchisch-patriarchalen Zuständen tritt eine holistische Orientierung. Alle Teile einer Gesellschaft, gar der Weltgesellschaft – Individuen, Kollektive, Gruppen und jegliche Subsysteme – sind nicht nur Teil des Ganzen, sondern darüber hinaus die Zusammensetzung des Ganzen. Sie sind also nicht als einzelne partikulare Bestandteile zu sehen. Alles Bestehende, alles Seiende steht im Zusammenhang zu jenem Kontext, von dem es umgeben ist. Diese Verbundenheit von allem mit allem – in Verbindung mit dem Vertrauen in unsere Mitmenschen – bildet das kommunikative und organisatorische Gerüst des Zusammenarbeitens und

-lebens von XR. So wie die (Welt-)Gesellschaft einmal sein soll, so wird sie während der Rebellion bereits konstruiert und transformiert. Die Bedingungen und Zustände der Rebellion sind auch jene der postrebellischen Zeit.

Regenerationskultur

Wir können nicht mehr warten! Regierungen werden unsere Welt nicht retten. Wir müssen selbst handeln und die Verantwortung übernehmen – für unsere Umwelt, aber auch für den achtsamen Umgang untereinander. Wir spüren unsere Verbundenheit, akzeptieren uns mit unserer Liebe, unserer Trauer und unserer Verzweiflung, denn alle unsere Gefühle gehören zu uns und fließen ein in unser gemeinschaftliches Wirken. Und gerade aus dem Grund wächst die Rebellion: weil unsere Gefühle in ihr Platz finden und sie ihnen Ausdruck verleiht. Unsere Bereitschaft, unsere Emotionen angesichts der drohenden Katastrophe wahrzunehmen und anzuerkennen, ist ein entscheidender Aspekt dieser Bewegung.

Ana:
Regeneration ist ein wesentlicher Teil der Arbeit von XR. Nach unseren eigenen Bedürfnissen zu schauen und dabei *gemeinsam* auf uns zu achten, ist in Zeiten der sogenannten Selbstoptimierung, in der jede*r zwanghaft losgelöst von Anderen sein Selbst herzustellen versucht, eine radikale Handlung. Je mehr wir auf uns selbst und die anderen

in der Gruppe achten, desto nachhaltiger ist unsere Arbeit und desto mehr werden wir politisch sowie gesellschaftlich erreichen. Ich hoffe, dass wir innerhalb der Gruppe ein Mikroklima aufbauen können, in dem sich alle wertgeschätzt und verstanden fühlen.

Tino Pfaff:
Das Ziel der XR könnte als eine solidarische Genügsamkeit – genauer gesagt als ein (Zusammen-)Lebenskonzept des solidarischen Verzichts – bezeichnet werden, vor allem mit einem deutlichen Verweis auf den globalen Süden, und zwar aus der Blickrichtung des globalen Nordens und dessen Verantwortlichkeiten für unmenschliche Lebensbedingungen. Darin finden sich sämtliche Faktoren wieder, die von grundlegender Relevanz für eine gesunde und intakte Erde sind. So geht es um Genügsamkeit und Verzicht in Produktion und Konsum – wenn es darum geht, Dinge zu konsumieren oder zu besitzen, die Natur zu nutzen und von ihr zu nehmen und erst recht wenn es darum geht, Geld anzuhäufen sowie Macht zu erlangen und aufrechtzuerhalten. Solidarität und Genügsamkeit bergen (Anerkennungs-)Potentiale in sich, welche in ihrer Semantik wohlige Implikationen zulassen und in einem bedeutsamen Leben zum Ausdruck kommen können, welches durch Verzicht geprägt ist. Dieser Verzicht tritt an die Stelle der bisherigen Wohlstandsdefinitionen, und wir Menschen werden – da bin ich mir sicher – überrascht, freudig und vor allem er-

leichtert erkennen, dass wirklicher (Lebens-)Wohlstand in anderen Dimensionen liegt als den bisherigen. So könnte sich dann etwa Zeitwohlstand als eine neue Dimension eröffnen mit der Folge, dass wir mehr Zeit für uns selbst und für unsere Lieben haben, dass wir unsere Leistungs-anforderungen und -erwartungen entschleunigen und uns bewusst werden, dass es angenehm sein kann, Dinge zu besitzen und zu nutzen, die wir tatsächlich brauchen, statt eine Fülle von Dingen zu haben, die wir lediglich wollen. Vor allem aber könnten diese (Zusammen-)Lebensformen des solidarischen Verzichts dadurch geprägt sein, dass wir uns, unseren Lieben, der Erde und unseren Mitmenschen in wei-ter Ferne nicht weiterhin die Lebenswelten und -grundlagen zerstören. Wir vermögen unserem Leben, unserem Dasein – in diesen bedrohlichen Zeiten – eine Bedeutung zu geben, indem wir uns als (Welt-)Gemeinschaft verstehen und unse-ren Mitmenschen und der Erde solidarisch und genügsam begegnen. Und zwar durch eine Rebellion der Gewaltfrei-heit, der Mündigkeit, der Genügsamkeit, des Verzichtes, der Solidarität und vor allem durch eine Rebellion für ein neues Miteinander und des Vertrauens! Warum, wenn nicht für das Überleben? Wann wenn nicht jetzt? Wer wenn nicht wir?

Monika Krimmer:
Sich bei XR zu engagieren ist kein Sprint, sondern ein Marathon. Um auf lange Sicht nicht auszubrennen, um einer andauernden Erschöpfung vorzubeugen, braucht es

Selbstfürsorge von Anfang an. Nur ein sich auch um sein eigenes Selbst sorgender Aktivist ist ein guter Aktivist. Die Strategien der Selbstfürsorge sind so unterschiedlich wie die Aktivisten selbst. Doch Achtsamkeit, Zeitmanagement, sportliche Betätigung, Freundschaften pflegen, zur Ruhe kommen und Entspannung gehören für jede/n dazu, um auf Dauer einsatzfähig zu bleiben. Auch die bewusste Wahrnehmung von Musik, Kunst und der Natur können helfen, gesund zu bleiben. Nach Jon Kabat-Zinn: »Die Vergangenheit ist schon vorbei, die Zukunft noch nicht eingetreten, die Gegenwart ist das Einzige, was wir wirklich zur Verfügung haben, um uns lebendig zu fühlen.« Besonders wichtig ist der Austausch mit anderen, um in Gruppen und Bewegungen mehr Widerstandsfähigkeit zu entwickeln. Dazu gehören regelmäßige Gruppentreffen, Mediationsangebote und auch gemeinsame Strategien, um mögliche Traumatisierungen durch die politische Arbeit frühzeitig zu erkennen und zu integrieren.

Es braucht ein Problembewusstsein darüber, wie zehrend die Arbeit bei XR sein kann, und ein Interesse an Selbstreflexion, um sich auf Dauer nachhaltig engagieren zu können. Ohne Selbstfürsorge kein gesunder Aktivismus.

Friederike Schmitz:
Wir müssen uns fragen: Brauchen wir nicht auch eine neue, regenerative Kultur, die nicht beim Menschen stehen bleibt? Die auch Tiere als wertvolle und schützenswerte

Individuen anerkennt? Und sollte nicht unser Prinzip der Gewaltfreiheit auch für unsere Beziehungen zu den Tieren gelten? Wenn dem aber so ist, dann reicht es nicht, nur die »Massentierhaltung« und das »Übermaß« der Tierproduktion abzuschaffen. Dann müssen wir grundsätzlich in Frage stellen, inwieweit es legitim sein kann, Tiere zurechtzuzüchten, einzusperren, ihnen die Kinder wegzunehmen und sie zu töten. Und das bedeutet, die Nutztierhaltung als solche in Frage zu stellen und grundsätzliche Alternativen zu suchen – ökologische Landwirtschaft, Permakultur, Agroforst funktionieren auch ohne Rinder, Schweine und Hühner und meist sind sie so auch deutlich umweltverträglicher. Auf dem Weg zu einer anderen, ernsthaft nachhaltigen Gesellschaft müssen wir diese Fragen stellen und diese Diskussionen führen – mit Landwirt*innen ebenso wie mit Tierrechtler*innen. »Wir stellen uns selbst und unser toxisches System offen in Frage« – dazu gehört es auch, bequeme Überzeugungen und Ideologien zu hinterfragen wie die, dass Tiere zu unserer Ernährung und unseren Zwecken da sind.

Trauerrede: Die Erde stirbt

(Trauermarsch XR-Nürnberg am 27.4.2019)

1

»The Earth is dying – we should be crying.«
Die Erde stirbt. Wir sollten weinen.

Diesen Aufruf sprach Daniel, ein 17jähriger, in die Livestream-Kamera, als seine Botschaft an die Welt,
als er bei den Protesten in London letzte Woche von der Polizei weggetragen wurde.

»The Earth is dying – we should be crying.«
Kein Aufruf zum Kampf oder zum Widerstand.
Ein Aufruf, dass wir uns der Macht unserer Gefühle bewusst werden.
Auch des Gefühls der Trauer.
Und deshalb sind wir heute mit einem Trauermarsch auf der Straße und vor dem Nürnberger Rathaus.

»Hope dies – Action begins«

Der vietnamesische Zen-Meister Thich Nhat Hanh wurde einmal
gefragt:
»Was müssen wir am dringlichsten tun, um unsere Welt zu retten?«
Die Antwort war auch da keine politische Strategie.
Er sagte: »Was wir am dringendsten tun müssen, ist,
in unserem Inneren zu hören, wie die Erde weint.«

Bei all unserem aktivistischen Tun,
dem Informieren, Anklagen, Stören, Kämpfen,
geht es ja letztlich darum:
Raum zu schaffen, um zu begreifen, was gerade vor sich geht.
Das »business as usual« zu unterbrechen,
um der Stimme der Erde Gehör zu verschaffen.
Und unsere eigenen Gefühle ernst zu nehmen:
unser Mitgefühl, unsere Sorge, unsere Angst, unsere Verzweiflung.

2
Deshalb ist dieser Trauermarsch auch keine Parodie oder Verklei-
dung, auch nicht mein Talar.
Klar – auf wie vielen Demos wurde nicht schon etwas symbolisch
zu Grabe getragen:
die Bildung und der Sozialstaat, das Asylrecht und die Freiheit
des Internets.
Wir haben heute aber wirkliche Tote zu betrauern.

Tote, die es nur selten in die Schlagzeilen oder die öffentliche Wahrnehmung schaffen.

Am 15. April, als in London die Rebellion gegen das Aussterben ausgerufen wurde,

kam auch diese Meldung:

dass das letzte bekannte Weibchen der Jangtse-Riesenweich-schildkröte verstorben sei,

bei dem Versuch, die Art durch künstliche Befruchtung zu erhalten.

Nur zwei Männchen haben sie noch überlebt und können sich nun nicht mehr fortpflanzen.

Die Zerstörung des Lebensraumes durch Flussregulierung und Bejagung für Verzehr und medizinische Zwecke haben diese Art vernichtet.

Wer trauert um diese Tiere, wenn nicht wir?

Unser Sarg ist zwar leer. Aber wir könnten hier eine endlose Liste von Arten verlesen,

die täglich von der Erde verschwinden.

Ihrer zu gedenken mag für manche ungewöhnlich scheinen.

Kannten wir sie doch nicht persönlich.

Wir sind keine Angehörigen im eigentlichen Sinn.

Und gab es das nicht schon immer, dass eben Leben entsteht und Leben vergeht?

Nein: das stimmt nicht!

Wir könnten sie kennen,

wenn wir mit einer anderen Liebe und Wertschätzung,
ja Be-Wunderung auf die verschwenderische Fülle der Schöpfung
geschaut hätten!
Und wir müssen es uns klar machen: wir SIND Angehörige,
gehören zusammen und sind verbunden in dem großen Netz des
Lebens auf dieser Erde,
in ihrem lebendigen und verletzlichen Ökosystem.
Aus ihm können wir Menschen uns eben nicht einfach herauslösen,
als bräuchten wir die anderen Lebewesen nicht.
Und wir betrauern hier auch nicht den Tod einzelner Exemplare,
sondern die Auslöschung einer unvorstellbaren Zahl von einmali-
gen, unwiederbringlichen Arten,
die durch die menschliche imperiale Lebensweise,
diese besinnungslose und gefühllose Vernichtung,
also durch unser Tun und Zutun und unser Gewährenlassen – einfach für immer weg sind.

3

Bei einer normalen Trauerfeier geht es ja letztlich darum,
den Tod als unvermeidliches Schicksal eines jeden Lebewesens
zu begreifen und zu akzeptieren.
Den individuellen Verlust und den Schmerz zu würdigen.
Und zu trösten, um ohne den geliebten und vermissten Menschen
weiterleben zu können.

Das ist hier und heute anders:
Denn es geht um einen vermeidbaren Tod.

Das Artensterben ist weder Schicksal noch gottgewollt.
Und es geht um einen bedrohlichen Tod.
Das Sterben der Anderen bedroht auch unser Leben.

Da können die üblichen Hoffnungsworte nicht trösten.
Weil sie zu vertrösten drohen.
Greta Thunberg hat wohl eine solche Art von Vertrösten vor Augen,
wenn sie sagt: Ich will nicht eure Hoffnung. Ich will, dass ihr ins
Handeln kommt!

Das ist die Aufgabe, die Kunst, vor der wir stehen als Bewegung:
Dem Schmerz Raum zu geben und oft auch der Verzweiflung.
Uns aber nicht von diesen Gefühlen lähmen zu lassen.

Die buddhistische Tiefenökologin Joanna Macy hat ein Modell
entwickelt,
das sie »Hoffnung durch Handeln« nennt:
für sie ist die Trauer ein wichtiger Schritt auf dem Weg, etwas zu
verändern.
Wenn wir unseren Schmerz würdigen, kann er zu einer Quelle werden,
Quelle für ein Handeln aus Leidenschaft. Mit-Leidenschaft.
Wer sich von dieser Quelle abschneidet aus Angst vor den über-
wältigenden Gefühlen,
tut sich auf lange Sicht keinen Gefallen und blockiert vielleicht
eine der wertvollsten Energien.

Im Christentum haben wir eigentlich auch eine solche Vorstellung von einer transformierenden Kraft,
die aus Tod und Vernichtung ausbricht und eine neue Schöpfung und neues Leben erwartet.
Auferstehung wird das genannt.
Und wenn wir sie nicht – vertröstend – als eine Art »Weiterleben nach dem Tod« verstehen,
sondern als Möglichkeit im Diesseits, im hier und jetzt, jederzeit,
dann kann sie zu einer real erfahrbaren Veränderungskraft werden,
die uns selbst auch in die lebendigen politischen Kämpfe mit hineinführt
und stärkt und hoffnungsfroh macht.
Und ich persönlich bin sehr glücklich und dankbar darüber,
dass sich mit der Christian Climate Action auch eine religiöse Gruppe mutig an den Aktionen in London beteiligt hat.
Zusammen mit den Menschen verschiedenster Weltanschauungen und religiöser Überzeugungen.
Wie das hier bei uns auch ist.
Suchen wir das Beste aus allen Traditionen, was uns helfen kann,
die Erde und das Leben auf ihr zu lieben und zu verteidigen!

4
»The Earth is dying, – we should be crying.«
Wenn wir jetzt gleich unserer Trauer Ausdruck geben,
indem wir Blumen niederlegen,

dann feiern wir damit unsere Verbundenheit mit allem Leben,
seiner Schönheit und seiner Verletzlichkeit.

Es ist Raum zum Danken für das Leben,
zur Klage über die Zerstörung,
zur Bitte um eine wirksame Umkehr
und zur Freude über die Menschen,
die das tun, was ihnen möglich ist,
um gegen die Auslöschung wirksame Zeichen zu setzen.

Ein anderes Leben ist möglich.
Und so sind wir – auch mit Tränen in den Augen –
Protestleute gegen den Tod.

Wir bleiben nicht cool, sondern bekennen uns zu unserer Leidenschaftlichkeit:
Denn nur wer mit-leidet, wird den Willen und die Kraft erhalten,
dem Leiden ein Ende zu bereiten.
Das ist gewisslich wahr.

(Thomas Zeitler)

III. Widerstand durch Trauer

Jürgen Manemann:

XR steht für eine neue Sensibilisierung der Politik, die uns für das Leid aller Kreaturen öffnet. Diese Sensibilisierung erfüllt mit Trauer. XR lehnt jeglichen Optimismus ab. Optimismus ist der bewusste oder unbewusste Versuch, Katastrophen zu überspielen. XR-Aktivist*innen verbindet die Erfahrung des Gefährdetseins: die Bedrohung der Erde und das massenhafte Sterben der Arten. Trauer über die Ausrottung des Lebens wird in dieser Bewegung zur Handlungsressource. XR will keine Kampfzonen schaffen. Im Gegenteil. Die Radikalität der Aktionen geht einher mit der Verpflichtung, keine Feindzonen entstehen zu lassen, geht es doch um den Schutz allen Lebens. XR versteht sich als Rebellion für das Leben: für die Menschen, die Tiere und die Pflanzen.

XR-Declaration of Rebellion*:

We hold the following to be true: This is our darkest hour. Humanity finds itself embroiled in an event unprecedented in its history, one which, unless immediately addressed, will catapult us further into the destruction of all we hold dear:

this nation, its peoples, our ecosystems and the future of generations to come.

Der XR-Aktivist, Schriftsteller und Schauspieler Sam Knights bringt die gegenwärtige Herausforderung klar und deutlich zum Ausdruck:

»The challenge we now face is extremely daunting. Because the problem, unfortunately, is not just the climate. The problem is ecology. The problem is the environment. The problem is biodiversity. The problem is capitalism. The problem is colonialism. The problem is power. The problem is inequality. The problem is greed, and corruption, and money, and this tired, broken system.«

... XR steht für Trauer, aber nicht für Resignation, sondern für Empowerment. Gregory Fuller plädiert für eine »heitere Hoffnungslosigkeit«, Slavoj Žižek für den »Mut zur Hoffnungslosigkeit«. Nicht so XR. XR steht für eine politische Haltung des Widerstands durch Trauer, die es uns ermöglicht, angesichts katastrophaler Zustände für ein humanes Leben zu kämpfen:

»Hope dies – Action begins«...

Nachwort

Die Idee zu diesem Aktions-Projekt entstand in der XR-Ortgruppe Hannover. Eingeleitet und collagiert wurden die Textbausteine von Jürgen Manemann (XR-Hannover). Grafisch gestaltet wurde das Cover von Kolja Schwab (XR-Hannover). Das Foto auf der Rückseite zeigt eine XR-Aktion in Hannover und stammt von Raphael Knipping (XR-Hannover). Über das XR-Tool bei Mattermost wurde die Idee angekündigt und um Mitarbeit gebeten. Daraufhin haben sich XR-Rebell*innen anderer XR-Ortsgruppen gemeldet und sowohl Kommentare als auch Texte beigesteuert. Über diese spontane Kollaboration haben wir uns sehr gefreut! Wir möchten uns herzlich bedanken bei:

Sina Kamala Kaufmann, XR-Berlin, die auch den Text von Faisal Devji eingebracht hat,
Florian Lauer, XR-Bremen,
Tino Pfaff, XR-Weimar,
Friederike Schmitz, XR-Berlin,

Michael Timmermann, XR-Hamburg und
Thomas Zeitler, XR-Nürnberg.

Wir hoffen, dass dieses Projekt Leser*innen ermutigt,
sich mit XR auseinanderzusetzen. Wer mehr Informationen wünscht oder Interesse hat, sich einzubringen, findet
auf der Website von »Extinction Rebellion-Deutschland«
(https://extinctionrebellion.de/) Material und Kontaktinfor-
mationen oder wendet sich direkt an XR-Gruppen vor Ort.
Die Ortsgruppen bieten regelmäßig ein »Onboarding« an.
Hier werden Interessierte und neue Mitglieder in die Inhal-
te und Struktur von XR eingeführt.

Wir wünschen uns, dass die unterschiedlichen Stimmen, die hier zu Wort kommen, auch eine Inspirations-
quelle für XR-Selbstvergewisserungsdiskurse sind und zu
weiteren publizistischen XR-Projekten ermutigen.

Danken möchten wir auch dem transcript Verlag für die
Unterstützung dieses Projekts.

XR-Ortsgruppe Hannover, im Juli 2019

Literatur

Literatur zu Extinction Rebellion

G. Bradbrock, Heading for Extinction and what to do about it, in: https://www.youtube.com/watch?v=b2VkC4SnwYo

https://compassionate-revolution.net/

https://extinctionrebellion.de/

https://rebellion.earth/

This Is Not A Drill. An extinction rebellion Handbook, New York 2019.

Wann wenn nicht wir*. Ein Extinction Rebellion Handbuch, Frankfurt 2019.

XR Deutschland, Ein Selbstorganisierendes System (SOS). Das Handbuch (wird fortlaufend aktualisiert).

Angeführte Literatur und *Zitate

B. Adamczak, Beziehungsweise Revolution. 1917, 1968 und kommende. Berlin, 3. Aufl. 2018.

Th. W. Adorno, Negative Dialektik, Frankfurt ³1982.

G. Anders, Die Antiquiertheit des Menschen. Bd. 1: Über die Seele im Zeitalter der zweiten industriellen Revolution, München ⁷1988.

K. A. Appiah, Eine Frage der Ehre. Wie es zu moralischen Revolutionen kommt, München 2011.

S. Basa/D. Coupland/H. U. Obrist, Erschütterung der Welt. Leitfaden für die extreme Gegenwart 2015.

W. Benjamin, Das Passagenwerk. Erster Band, Frankfurt 1983.

A. Braune (Hg.), Ziviler Ungehorsam. Texte von Thoreau bis Occupy, Stuttgart 2017.

E. Chenoweth, Why Civil Resistance Works (Columbia Studies in Terrorism and Irregular Warfare), New York 2011.

FridaysForFuture, Forderungen, in: https://fridaysforfuture. de/forderungen/ (Stand: 18.07.2019).

G. Fuller, Das Ende: Von der heiteren Hoffnungslosigkeit im Angesicht der ökologischen Katastrophe, erweitert u. aktualisiert, Hamburg 2017.

M. K. Gandhi, Hind Swaraj oder die indische Selbstregierung, in: G. Dharampal-Frick (Hg.). Mahatma Gandhi. Mittel und Weg. Ausgewählte Reden und Schriften. Leipzig 2015, 38–50.

M. Gladwell, Tipping Point. Wie kleine Dinge Großes bewirken können, München [6]2002.

V. Havel, Im Anfang war das Wort. Texte von 1969 bis 1990, Reinbeck 2018.

D. Hine, Negotiating Surrender, in: This Is Not A Drill. An extinction rebellion Handbook, New York 2019.

P. Hoggett, P., Climate Psychology. On Indifference to Disaster. Studies in the Psychosocial, Heidelberg 2019.

J. Kabat-Zinn, Gesund durch Meditation. Das große Buch der Selbstheilung mit MBSR, München 2013.

S. Knights, Extinction Rebellion, in: This Is Not A Drill. An extinction rebellion Handbook, New York 2019.

R. Lertzman, Environmental Melancholia: Psychoanalytic dimensions of engagement (Psychoanalytic Explorations), New York 2015.

J. Manemann, Kritik des Anthropozäns. Plädoyer für eine neue Humanökologie, Bielefeld 2014.

G. Marshall, Don't even think about it. Why our Brains are wired to ignore Climate Change, London/New York 2015.

J. B. Metz, Jenseits bürgerlicher Religion. Reden über die Zukunft des Christentums, München/Mainz [4]1984.

P. Nanz/C. Leggewie, Die Konsultative. Mehr Demokratie durch Bürgerbeteiligung, Berlin [2]2016.

J. Rawls, Eine Theorie der Gerechtigkeit, in: A. Braune (Hg.). Ziviler Ungehorsam. Texte von Thoreau bis Occupy. Stuttgart 2017, 101–128.

U. Schneidewind, Die Große Transformation. Eine Einführung in die Kunst gesellschaftlichen Wandels, Frankfurt ²2018.

A. Schweitzer, Kultur und Ethik, München 1990.

A. Schweitzer, Was sollen wir tun? 12 Predigten über ethische Probleme, Heidelberg 1974.

G. Seckmeyer, »Ist der Klimanotstand gerechtfertigt?« Diese Frage hat Prof. Dr. Gunther Seckmeyer für die Klimaschutz- und Energieagentur Niedersachsen erörtert, in: https://www.klimaschutz-niedersachsen.de/_Resources/Persistent/635b0cb89aa8b57656416139459d072cab25e920/2019-07-18_Statement%20Seckmeyer.pdf (Stand: 22.07.2019).

D. Wallace-Wells, Der Planet schlägt zurück, in: der Freitag 29/2017.

S. Weintrobe (Hg.), Engaging with climate change – psychoanalytical and interdisciplinary perspectives, New York 2013.

R. Willemsen, Wer wir waren: Zukunftsrede, Frankfurt 2016.

S. Žižek, Der Mut der Hoffnungslosigkeit, Frankfurt 2018.

Beiträger*innen

Ana, Lehrerin, XR-Hannover

Ingo Bittner, Pfleger, Gründer XR-Hannover

Till Bleis, Student der Verfahrens- und Naturstofftechnik, XR-Hannover

Faisal Devji, Professor of Indian History, University of Oxford

Julia Förster, Dipl.-Phys., Dipl.-Journ., Wissenschaftsjournalistin, XR-Hannover

Birgit Heitker, Dipl.-Kauffrau, Master of Applied Ethics, Revisorin, Mitglied der Intitiative »Bürger*innenbeteiligungsrat Hannover«, XR-Hannover

Sina Kamala Kaufmann, Schriftstellerin, Philosophin, XR-Berlin

Charlotte Kleemann, Studentin der Sozial- und Organisationspädagogik, XR-Hannover

Raphael Knipping, Fotograf, XR-Hannover

Monika Krimmer, Dr., Ärztin, Psychoanalytikerin, Psychologists-for-Future, XR-Hannover, Greenpeace

Florian Launer, M. Sc. Biologie, forscht über Biodiversität, XR-Bremen

Jürgen Manemann, Prof. Dr., Forschungsschwerpunkte: Demokratietheorien und Umweltphilosophie, XR-Hannover

Maximilian Matthias, Student der Geowissenschaften, XR-Hannover

Tino Pfaff, Student MA Gesellschaftstheorie, Wissenschaftlicher Assistent am Institut für Soziologie, FSU Jena, von Beruf Sozialarbeiter/Sozialpädagoge, XR-Weimar

Friederike Schmitz, Dr., Philosophin mit dem Schwerpunkt Tierethik, XR-Berlin

Kolja Schwab, Grafiker, XR-Hannover

Michael Timmermann, Literaturwissenschaftler, Übersetzer, XR-Hamburg

Thomas Zeitler, ev. Pfarrer, XR-Nürnberg